해방 이후 한국의 풍경 3

정부광고의
국민계몽 캠페인

차례
Contents

가정과 건강

셋부터는 부끄럽다던 산아제한 정책

세상 모든 일이 그렇듯 너무 많아도 문제고 너무 적어도 문제다. 인구 역시 마찬가지다. 통계청의 출생통계 자료를 보면 2012년에 48만 4,550명이 태어나 2011년 대비 2.8퍼센트가 증가했고, 2015년에는 43만 8,700명이 태어나 2014년 대비 0.8퍼센트 증가했다. 조금이라도 출생률이 올라갔으니 아이 낳기를 꺼리는 사회적 인식이 달라진 것 같아 반가운 소식이다.

모두 알다시피 1960년대에 시작된 산아제한 정책은 우리나라 사람들의 출산에 대한 인식을 획기적으로 바꿔놓은 대단한 캠페인이다. 산아제한이라는 정부 정책은 공익광고 메시지에도 고스란히 반영되어 그 시절을 생생히 증언하고 있다.

1960년대의 "적게 낳아 잘 기르자", 1970년대의 "딸 아들 구별 말고 둘만 낳아 잘 기르자", 1980년대의 "둘도 많다" "잘 키운 딸 하나 열 아들 안 부럽다" "하나씩만 낳아도 삼천리는 초만원" 같은 계몽적 카피는 인구정책의 변화를 고스란히 보여준다. 심지어 주부클럽연합회는 1974년을 '임신 안 하는 해'로, 1975년을 '남성이 더 피임하는 해'로, 1976년을 '나라사랑 피임으로의 해'로 정하고 범국민적 계몽 사업

대한가족계획협회의 피임 권장 광고(1985년 8월 15일, 『동아일보』)

을 전개하기도 했다.

임신을 하고 안 하고를 마음대로 조절할 수 있다면 얼마나 좋을까마는, 피임을 나라 사랑하는 방법이라고까지 했으니 출산을 권장하는 지금과 비교해보면 고소(苦笑)를 금할 수 없다. 광고 사례를 보자.

대한가족계획협회의 '부끄러움' 편(1985년 8월 15일, 「동아일보」)에서는 "셋부터는 부끄럽습니다"라는 헤드라인을 써서 아이가 많으면 부끄러워해야 한다고 강조했다. 광고는 초등학교 수업시간에 선생님의 질문에 아이들이 대답하는 에피소드로 구성되어 있다. 보디 카피는 다음과 같다. "선생님께서 물어보셨읍니다. '형제가 몇이지요?' '저 혼자예요.' '나랑 동생이랑 둘요.' '우리 집은 셋이에요.' '와– 많다.' 친구들이 모두 쳐다보았습니다."

손가락을 하나 둘 펼친 오른쪽 아이와 왼쪽 아이는 환하게 웃으며 손을 들지만, 세 손가락을 펼친 가운데 아이는 부끄러워하며 고개를 숙이고 있는데, 자칫하면 따돌림을 당할 수 있겠다 싶어 안타깝다. 그렇지만 광고의 표현만 놓고 보면 아이들의 표정을 익살스럽게 표현한 일러스트레이션이 돋보인다. 자녀가 하나 아니면 둘이어야 하는 시대에 셋이면 행복의 양은 줄어들고 심지어 부끄러워하기까지 해야 한다는 것이다.

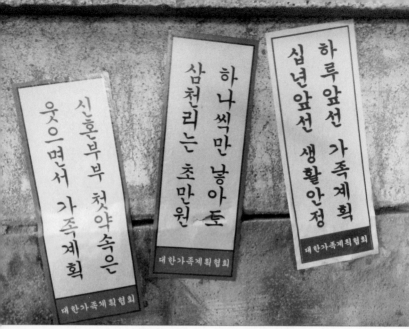

대한가족계획협회의 산아제한 정책 홍보 표어

　1970년대 들어서 정부의 지속적인 계도로 출산율은 4명
대로 떨어져 큰 효과를 보았다. 1980년에는 2.83명까지 출산
율이 하락됐지만 정부는 인구 억제 정책을 더 거세게 밀고
나갔다. 어쩌면 1980년대 중반쯤에 인구문제를 보다 거시적
으로 내다보고 미래를 예측했더라면 지금의 인구 정책에 좀
더 여유가 있었을 터.

　최근 출산율이 약간 높아졌지만 OECD 평균 기준으로
볼 때, 한국은 합계출산율 1.3명 이하인 초(超)저출산 국가

의 경계선에 있다고 한다. 만약 1980년대 중반쯤에 정책의 완급을 조절했더라면 지금에 와서 '초'자는 뗄 수 있지 않았을까? 더욱이 2012년 6월, 우리나라는 1인당 소득 2만 달러와 인구 5,000만 명 이상을 달성한 국가에 자격이 주어지는 '20-50 클럽'에 세계에서 일곱 번째로 가입했다.[1] 이렇게 국가적 위상을 높였는데, 만약 1980년대 중반쯤에 산아제한 정책을 느슨하게 전개했더라면 20-50 클럽에 가입한 시기도 조금 더 앞당겨졌으리라. 이제 출산율 광고를 한다면 "아이 낳는 당신이 애국자입니다" 같은 헤드라인을 써야 하지 않을까 싶다.

격세지감을 느끼게 하는 담배 권고

해를 거듭할수록 흡연자의 공간이 줄어들고 있다. 공원과 버스 정류장은 물론 어지간한 규모의 식당에서도 담배를 피울 수 없으니까. 금연하면 회사에서 격려금을 준다거나 흡연자는 승진에서 탈락시킨다는 소식 역시 흡연자들의 마음을 더더욱 옥죄고 있다.

그렇지만 1960~1970년대만 해도 정부는 애연가의 선호에 불편함이 없도록 하려고 담배 공급에 더욱 힘쓰겠다며

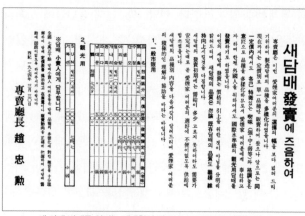

새 담배 발매를 알리는 전매청의 광고(1974년 3월 30일, 「동아일보」)

담배 광고를 자주 했다. 전매청이 한국담배인삼공사를 거쳐
KT&G로 이름을 바꿔가며, 시대의 트렌드에 맞게 어떻게든
담배라는 단어가 두드러지지 않도록 노력하는 사실에 비춰
보면 격세지감을 느끼게 한다.

　전매청(현 KT&G)의 광고 '새 담배 발매' 편(1974년 3월 30일,
「동아일보」)을 보자. "새 담배 발매에 즈음하여"라는 헤드라인
을 세로로 쓰고 다음과 같은 보디 카피로 새 담배의 발매를
알렸다. "전매청은 이번 애연가 여러분의 선택의 폭을 보다
넓혀 드리기 위하여 제조담배의 품종을 다양화하였읍니다."
애연가에게 선택의 폭을 넓혀주기 위해 담배 종류를 다양화
했다며 살짝 애교를 부리며 포장한 셈.

"동일 정가 내에서도 각기 특징 있는 끽미(喫味: 피는 맛, 강·중·약)와 격조 높은 의장(意匠)으로 품종을 다양화"함으로써 애연가들에 "봉사하고자 하며", 외국인을 위해서도 "국제 수준급의 관광용 담배를 발매하기로" 했다는 것이다. 더욱이 "이번의 새 담배 발매는 가격의 인상을 위한 것이 아님을 분명히 밝혀드리며 새 담배의 품질은 물론 기존 담배의 품질도 계속 유지 향상시킬 것을 다짐합니다"라고 강조했다.

광고에서 소개하는 품명(브랜드 이름)을 보자. 한산도, 수정, 단오, 샘, 아리랑, 명승, 개나리, 환희, 파고다, 남대문, 학(鶴)은 일반 시판용으로, SUN과 거북선은 관광용으로 구분했다. 필터 20개비의 한산도나 수정이 한 갑에 150원이었고 파고다나 남대문은 50원, 그리고 관광용 담배는 200원이었다.

거의 모든 담배 브랜드가 외국어 조합으로 이루어진 지금과 비교해볼 때, 우리 민족의 문화유산을 반영한 그 시절의 담배 이름은 구수해도 너무 구수하다. 외국인 대상의 관광용으로 출시한 '썬(SUN)'은 납득이 가지만 '거북선'은 쉽게 이해할 수 없는데, 혹시 외국인에게 우리의 거북선까지 알리겠다는 국가 브랜드 전략의 일환이었을까?

그렇지만 1970년대의 구수한 담배 이름도 1900년대의 그것에 비하면 무척 세련된 네이밍이다. 1900년대의 제물포지궐련급연초회사(濟物浦紙卷煙及煉草會社)의 광고(1905년 12월

28일, 「대한매일신보」)에서는 "위생상에 지극 유익하오니"라며
담배가 건강에 좋다고까지 강조하거나, '뷰티(Beauty)'라는
서양 담배를 기발하게도 '관기'(官妓: 관청의 기생)로 번역하기
도 했다.[2] 1900년대에 궐련은 지위의 상징이자 애착의 대상
이기도 했다. 위생에 유익한 것에서 백해무익한 것으로 추락
하고 있는 담배 광고에서 기호품의 역사를 읽는다.

만약 전매의 날을 부활하려 한다면

　정부가 담뱃값을 4,500원 정도로 파격적으로 인상한다고
발표하자, 애연가들 사이에서 인상 폭을 놓고 의견이 분분
했다. 흡연자들의 공간이 거의 사라지고 있는 상황에서 만약
전매의 날을 부활시키자고 한다면 미친 사람 취급을 받을
것이 뻔하다. 지금은 사라졌지만 담배를 기념하자는 취지의
전매의 날은 국가에서 정한 엄연한 법정 기념일이었다.
　1968년 11월 21일, 재무부령 제552호로 제정된 전매의
날은 1969년 7월 1일에 첫 기념행사를 열었다. 그 후 해마다
계속되다 1989년에 폐지 논의가 시작되어 1990년부터 법정
기념일에서 빠졌다. 정부(총무처)는 연중 33개에 이르던 각종
법정 기념일이 너무 많다며 행정 간소화 차원에서 금연의

날을 1차 축소 정비 대상으로 꼽았다. 요즘처럼 국민건강 증진이나 금연운동의 차원에서 폐지한 게 아니라, 행정 간소화를 위한 조치였다는 점이 흥미롭다. 앞으로는 절대 있을 수 없는 전매의 날 축하 광고를 살펴보자.

담배와 관련된 여러 회사들의 공동 광고 '전매의 날' 편 (1969년 7월 1일, 「매일경제신문」)을 보자. 1960년대 광고답지 않게 카피보다 비주얼을 강조했는데, 신탄진 담배를 한두 개피 꺼내 커다랗게 그린 지구본 쪽으로 권하고 있다. 그림을 거들기 위해 "세계 여러 나라에서 애용하는 신탄진"이라는 헤드라인을 썼다. 그림과 카피가 잘 어울리게 하려는 배치다. 따로 보디 카피를 쓰지 않고 오른쪽 상단에 '전매의 날'이라

담배를 기념하자는 취지의 기념일 전매의 날 공동 광고(1969년 7월 1일, 「매일경제신문」)

는 축하 표시를 하고, 지면의 아래쪽에는 대한 휠타(필터)를 비롯한 담배 제조에 관련된 열 개 회사의 이름을 나열했다. 특별한 부연은 하지 않았다. 제1회 전매의 날을 애연가 모두 축하하자는 카피를 쓸 법도 했으련만 그렇게 하지 않고 과감히 비주얼 위주로만 전달했다. 당시의 안목에서 인상적인 표현이다.

담배 피우는 게 멋져 보이던 시절이 있었다. 영화를 보면서도, 버스 안에서도, 사무실에서도 담배 피는 게 아무렇지도 않았다. 당시 애연가들은 "처칠은 애연가였지만 90세까지 장수했다"라는 말을 입에 달고 살았다고 한다. 그렇지만 이후 정부는 담배 가격을 대폭 인상했고 실내의 모든 다중이용시설에서의 전면 금연을 추진했으며, 금연 버스정류장을 추가로 지정하는 등 온 국민을 대상으로 금연 캠페인을 대대적으로 전개했다.

미국 뉴욕시에서 2002년 담뱃값을 7.5달러(9,000원)로 올린 결과 10년간 변함없던 흡연율은 11퍼센트나 감소했고 담배 소비량도 2.3퍼센트나 감소했으며 청소년 흡연율은 2001년에 비해 50퍼센트나 감소했다고 한다. 프랑스에서 2003년에서 2004년 사이에 담뱃값을 세 차례에 걸쳐 인상한 결과 흡연율이 14퍼센트 감소했고, 특히 여성과 젊은 층의 흡연율은 18퍼센트나 감소했다고 한다. 그렇지만 강제적인 방법으로 흡연율을 줄이는 데는 한계가 있다. 따라서 담 뱃값 인상이 '흡연율을 낮추는 가장 확실한 방법'이라는 투 로 일방통행식의 메시지를 전달할 게 아니라, 정책PR 메시 지의 수위를 조절할 필요가 있다. 담뱃값 인상이 흡연율을 낮추는 방법의 하나이기는 하지만, 그게 국민건강 증진을 위 한 가장 확실한 정책이라고는 할 수 없기 때문이다.

담배는 1900년대 초반에 '위생에 유익한 것'이나 '만병통 치약'으로 상전 대접을 받다가, 1960년대에는 '심심초'나 '마 음의 자양분'의 지위에 올랐다. 1960~1970년대에는 애연가 의 기호에 맞춰 담배 공급에 힘쓰겠다는 내용의 정부광고도 많았다. 가수 송창식은 「담배가게 아가씨」라는 노래로 은근 히 담배를 예찬하기도 했다. 하지만 그 사이에, 어떻게든 담 배라는 단어가 두드러지지 않도록 하려고 전매청은 한국담 배인삼공사를 거쳐 KT&G로 이름을 바꿔왔다. 격세지감이 다. 앞으로도 담뱃값은 계속 오를 것이며, 담배의 낙일(落日) 은 멀지 않은 듯하다.

혼식, 분식도 애국하는 길이라 배웠다

가을철이 되면 대풍년을 이뤄 쌀 소비 대책을 마련해야

한다거나, 쌀 소비가 급감해 특수미로 승부를 걸어야 한다는 언론 보도가 심심찮게 나오고 있다. 쌀 소비 촉진은 어제오늘 제기된 문제가 아니다. '쌀은 한국 사람의 체질에 딱 맞는 음식'이라는 텔레비전 광고도 있었다. 더욱이 최근에는 농촌진흥청에서 '쌀=밥'이라는 공식을 깨고 '고아미쌀'로 만든 유아용 파우더를 개발해 특허를 출원하기도 했다.[3] 먹는 쌀이 바르는 화장품으로 개발되어 영역을 넓혀가는 것이다. 그렇지만 쌀이 귀하신 몸 대접을 받던 시절이 있었다.

혼식과 분식을 권장하는 농림부의 식생활 개선 캠페인 광고(1972년 1월 18일, 「동아일보」)

농림부(현 농림축산식품부) 장관의 이름으로 낸 '식생활 개선 캠페인' 광고(1972년 1월 18일, 「동아일보」)를 보자. 이 광고에서는 "애국하는 마음으로 혼·분식을 합시다!"라는 헤드라인을 써서 혼·분식의 필요성을 강조했다. "식생활 개선과 미곡 소비 절약에 대하여!"라는 소제목을 바탕으로 혼·분식은 애국의 길, 정부 시책의 요점, 혼·분식의 이점, 국민의 협조 요청 같은 네 가지 핵심 사항을 선정해 깨알같이 상세한 내용으로 설명하고 있다. 심지어 "우리의 주식인 쌀은 그 영양 성분으로나 경제성으로 볼 때 여러 가지 폐단이 많다는 사실이 입증되고 있다"며 쌀의 가치를 심각히 부정하고 있으니, '쌀은 한국 사람의 체질에 딱 맞는 음식'이라는 최근의 광고 메시지와는 차이가 너무 크다.

이 광고 이후에도 정부의 식생활 개선 캠페인은 여러 부처나 기업이 함께 참여하는 형태로 지속되었다. 정부광고의 바로 아래에 동아제분(밀가루 회사) 광고나 삼립식품(제빵 회사) 광고를 게재하게 함으로써, 민이 함께 참여하는 모양새를 만들었다. 정부가 '혼·분식=애국'이라는 논리로 공공 캠페인을 전개한 셈이다. 정부광고의 설득 논리는 이렇다. 혼·분식이 애국이다(숨은 전제) → 애국하기 위해 혼·분식을 하자(주장) → 혼·분식을 해야 건강해진다(논거). 숨은 전제를 제시한 다음 주장을 하고, 그에 해당되는 논거를 제시하는 설득 커뮤니케이션의 전형적인 문법을 구사한 셈이다.[4] 그 무렵의 정부광고에서 자주 활용하던 방법이다.

혼·분식 장려 운동은 1969년 1월 23일 정부의 행정명령 고시에서 시작되었다. 정부는 음식점을 실사해 위반한 업소를 엄중 처벌했는데, 1975년 8월에는 서울에서만 1,336개 업소가 적발되어 8개 업소는 허가 취소, 691개 업소는 1개월 영업 정지를 당했다. 학교에서도 매일 점심시간마다 쌀밥에 보리나 밀가루가 25퍼센트 이상 섞여 있는지 도시락 검사를 했다. 혼·분식 여부를 성적에 반영했기에, 부잣집 엄마들은 도시락용 밥을 따로 짓거나 2층 밥을 지어 자식들의 도시락을 싸야 했다. 식량 자급에 성공한 1977년에 들어서야 그 행정 명령이 해제되었다.

이런저런 축하 행사장에 가보면 축하 화환이 즐비한데, 행사가 끝나면 그 많은 화환들이 현장에서 폐기되는 경우가 많아 안타깝다. 어차피 보내고 받아야 할 화환이라면 차라리 화환 대신에 쌀을 보내면 좋지 않을까? 1972년의 광고 카피처럼 말하자면 화환 대신 쌀을 보내는 것도 애국의 길이다. 정부에서도 쌀 소비 촉진을 위한 일시적인 지원책을 마련하기보다 거시적 차원에서 쌀 가공 산업의 육성책을 모색해야 한다. 쌀 소비 문제를 가치사슬의 맥락에서 접근해 다양한 시장을 창출하는 정책이 필요한 때다.

쥐는 살찌고 사람은 굶는다던 시절

"쥐를 잡자!"

"쥐는 살찌고 사람은 굶는다."

복지가 화두가 되고 있는 요즘에 비춰보면 희미한 옛사랑의 기억 같은 장면이지만 1970년대에는 전국 일제 쥐잡기 운동을 벌였다. 겨울로 들어가는 초입이나 한겨울에 전 국민을 대상으로 캠페인을 벌인 것이다. 언론에서도 적극 호응해 잡은 쥐의 숫자를 보도하거나, "간첩을 색출하는 정신으로 쥐를 찾아내 박멸하자"며 정부 정책에 호응했다.

1970년 1월 26일 오후 6시, 제1회 전국 동시 쥐잡기 운동이 펼쳐졌다. 1960년대부터 시군 단위로 벌이던 쥐잡기 행사를 농림부가 범국민 캠페인으로 확대한 것이다. 당시 농림부는 인구 1인당 세 마리, 한 집에 평균 열여덟 마리가 있어 전국에 9,000만 마리의 쥐가 있다고 추산했다. 전국의 쥐들이 한 해에 약 240만 섬(240억 원, 곡물 총 생산량의 8퍼센트)을 먹어치우니 절반만 잡아도 곡물 120만 섬을 구한다는 논리였다.

농림부(현 농림축산식품부)의 '쥐를 잡자' 편(1970년 1월 21일, 「경향신문」)은 제1회 전국 동시 쥐잡기 운동을 알리는 기념비적 광고다. "쥐를 잡자!"는 헤드라인 옆에 꼬챙이에 찔린 쥐

왼쪽: 전국 일제 쥐잡기 운동 캠페인 포스터
오른쪽: 농림부의 '쥐를 잡자' 광고(1970년 1월 21일, 「경향신문」)

를 펜 드로잉으로 재미있게 표현했다. 1월 16일 오후 여섯 시를 기해 전국 일제히 쥐약을 놓아 쥐를 잡기로 했는데, 쥐약은 이(理)·동(洞)사무소에서 무료로 나눠주며, 2차 독성이 없는 인화 아연제 쥐약 20그램씩을 집집마다 분배하고, 안전한 쥐약이지만 개나 닭이 직접 먹지 않도록 유의하고 음료수는 뚜껑을 꼭 닫으라는 내용이다.

정부에서 쥐약 놓는 시간까지 정해주다니! 오후 다섯 시에 쥐약을 놓아도 되지만 꼭 여섯 시에 쥐약을 놓아야 하는 줄 알고 사람들이 그 시간을 맞추었다는 기사도 있다. 학교별로 목표치를 할당해, 학생이 많은 집에서는 서로 쥐를 더 가져가겠다고 싸워 부모가 형제의 쥐 숫자를 정해주기도 했다고 한다. 쥐꼬리를 잘라 학교에 가져가면 꼬리 한 개당 연필 한 자루씩을 주기도 했고, 많이 가져가면 복금 당첨권을 주기도 했다. 1억 4,000만 원을 투입해 효과가 좋았으니, 그 후 '구서(驅鼠, 쥐잡기)' 포스터 공모대회나 쥐잡기 주제의 웅변대회가 열리기도 했다.

최근 유튜브 같은 사이버 공간이나 일상생활에서 「쥐잡기 송」이 다시 인기를 끌고 있다는 언론 보도도 많다.[5]

쥐가 한 마리가 쥐가 두 마리가
쥐가 세 마리 네 마리 다섯 마리가
쥐가 여섯 마리가 쥐가 일곱 마리가
쥐가 여덟 마리 아홉 열 마리

모두 열 마리 아니 스무 마리
아니 서른 마리 마흔 마리 쉰 마리
아니 예순 마리 아니 일흔 마리
아니 여든 마리 아흔 마리 백 마리

그때 야옹~ 야옹~ 고양이 나왔지
그때 야옹~ 야옹~ 고양이 화났지

그때 도망갔지 쥐가 도망갔지

쥐가 어디까지 도망갔나 나도 몰라

옳지 쥐구멍이지 옳지 쥐구멍이지

모두 쥐구멍에 들어가서 숨어버렸지

십 대들은 저 1970년대의 쥐잡기 운동을 아는지 모르는지 재미있게 흥얼거린다. 박멸의 대상에서 귀여움의 대상으로 처지가 바뀐 쥐들의 운명에서 시대의 표정을 읽을 수 있다.

전염병 예방접종으로 보건 증진을

매년 4월 마지막 주는 세계보건기구(WHO)에서 권고한 예방접종 주간이다. 우리나라에서도 2011년에 예방접종 주간을 선포한 이후 매년 이 행사를 이어가고 있다. 보건복지부 산하 질병관리본부에서는 이 행사에서 감염병 예방을 위한 무료 예방접종 백신을 소개하거나 예방접종을 쉽게 관리할 수 있는 모바일 어플리케이션을 소개하기도 한다. 예방접종 증명서도 발급해준다. EBS의 '모여라 딩동댕' 프로그램에서 부모와 자녀가 함께 예방접종에 대한 공개방송에 참여하기도 한다. 2013년에는 「예방접종 송」 뮤직비디오를 발표해 조회수 200만 이상을 기록하기도 했다. 하지만 예방접종의 중요성을 알리는 PR 활동은 최근에 시작된 것이 결코 아니다. 1970년대 정부광고에서 알 수 있듯이, 예방접종 사업은 국가적으로 추진한 장기 캠페인이었다.

보건사회부(현 보건복지부) 장관의 담화문을 공고한 '예방접종' 편(1976년 4월 22일, 「경향신문」)을 보자. 이 광고에서는 담화문의 골자를 세 가지로 정리했다. 전염병 예방접종의 필요성, 부작용 문제에 대하여, 의료 요원에 대한 요망이 그것이다. 마치 논문의 앞머리에서 연구의 필요성을 언급해 논문의 가치를 강조하듯이, 그와 유사한 맥락으로 예방접종의 중요성을 강조한 광고다.

전염병 예방접종의 필요성 부분에서는 "국민에게 면역을 부여하기 위하여 전염병의 발생과 유행을 방지함으로써 국민보건을 수호하기 위한 방법이며 전염병 관리상 필수불가결한 것"이라고 강조했다. 부작용에 대해서는 더 세세하게 설명했다. 피접종자 가운데 개인의 특이 체질에 따라 DPT 예방접종 도중에 10만 명에 1~2명꼴로 불가피한 부작용이 나타날 수 있다는 것. "극미한 부작용 때문에 예방접종을 기피한다면 수백 배 또는 수천 배의 희생이 따를 것"이라며 정부의 예방접종 사업에 적극 참여하기를 촉구했다. 의료 요

保社部公告第36號

談 話 文

一. 傳染病豫防接種의 必要性

　　政府에서는 무서운 傳染病退治事業의　一環으로 콜
레라를 爲始한 各種 豫防接種을 實施하고있읍니다 이
는 國民에게 免疫을 賦與하여 傳染病의 發生과 流行을
防止함으로써 國民保健을 守護하기 爲한 方法이며 傳
染病 管理上 必須不可缺한 것입니다

　　따라서 政府에서는　今年度에도　約 二千參百萬名의
國民을 對象으로 豫防接種事業을 實施할 것입니다

一. 副作用 問題에 對하여

　　豫防接種藥品은 世界保健機構가 定한 基準에　따라
生産하여 嚴格한 檢定過程을 거친 藥品을 資格있는 醫
療要員으로 하여금 實施토록 措置하고 있어 國民 여러
분께서는 安心하고 豫防 接種을 받을수 있읍니다.

　　그러나 被接種者中個人의 特異體質에 따라서는 오래
前부터 D.P.T를 爲始한 各種 豫防接種實施中 極히
드물기는 하나(D.P.T의 境遇는 約 拾萬名에 1〜2
名程度) 不可避한 副作用이 發生하는수도 있읍니다.
世界保健機構나 우리나라 研究機關에서도 이와같은 特
異現象에 對하여 이것을 解決코자 研究에 研究를 거듭
하고 있읍니다.

　　그러나 萬一 極微한 副作用 때문에 豫防接種을 忌避
한다면 數百倍 또는 數千倍의 犧牲이 따를 것입니다.
國民 여러분은 이點을 감안 政府가 施行하는 豫防接種
事業에 積極參與하여 주시기 바랍니다.

一, 醫療要員에 對한 要望

　　傳染病 豫防接種事業에 從事하는　醫療人 여러분은
國民 保健增進에 이바지한다는 使命感을 가지고 本事
業에 積極 努力하여 주시기를 바랍니다.

西紀1976년 4月　　日

保健社會部長官 申 鉉 碻

보건사회부의 예방접종 캠페인 광고(1976년 4월 22일, 「경향신문」)

원들에게는 "국민 보건 증진에 이바지한다는 사명감을 가지고" 사업에 적극 협력해 달라고 요청했다.

30여 년 세월을 훌쩍 건너뛴 요즘도 질병관리본부에서는 예방접종 주간 기념행사를 해마다 개최하고 있다. 그동안 예방접종 사업은 2011년 국가 정책홍보 우수사례 평가대회에서 대통령상을 수상했고, 우리 정부기관 최초로 2012년에 세계적으로 권위와 공정성을 인정받고 있는 클리오 헬스케어 어워드(Clio Healthcare Awards)에서 공공PR 부문 동상을 받았다. 또한, 2013년 국가 정책홍보 우수사례 평가대회에서 국무총리상을, 2014년에는 앱 어워드 코리아(App Awards Korea)에서 공공 서비스 부문 대상을 받았다.

주목할 만한 수상 실적이지만 더욱 중요한 것은 예방접종률의 향상이다. 전염병 대신 감염병이라는 명칭을 쓰는 시대가 되었고, 정부에서는 만 12세 이하 예방접종비의 본인 부담금도 폐지했다.[6] 그리고 보호자 부담이 가장 큰 소아폐렴구균 백신도 무료로 보급하고, 예방접종 알림 문자를 보내주기도 한다. 정부의 이런 노력에 비해 국민들의 실천 행동은 좀 더딘 듯하다.

엄마들은 생후 4주 이내에 접종해야 하는 BCG나 B형간염 접종 같은 필수 예방접종은 꼭 해야 한다고 생각하면서도 아이가 유치원에 다닐 때쯤이면 예방접종에 신경 쓰지 않는다. 질병관리본부에서 제시한 표준예방접종일정표(소아용)에는 4~12세까지 추가 예방접종을 받도록 되어 있다. 그런데도 그냥 지나치는 부모들이 많다. 성인의 예방접종률을 높이는 문제도 당면 과제가 되었다. "건강한 내일의 약속-예방접종"이라는 예방접종 주간의 슬로건처럼 오늘의 예방접종이 내일의 건강 문화를 앞당기지 않을까?

자나 깨나 가축 전염병도 예방하자

잊을 만하면 나오는 뉴스가 있다. 구제역(口蹄疫)이 확산될 조짐이 보인다거나 조류독감(AI) 정밀검사 결과 양성반응이 나타났다는 뉴스다. 그때마다 방역 당국과 축산농가들은 소와 돼지를 구제역에서 방어하고 닭과 오리를 고병원성 조류독감에서 막아내기 위해 초비상에 들어간다.

의심 신고가 접수된 가축을 조사한 다음 양성반응이 나타나면 즉각 살처분한다. 구덩이를 파서 가축을 땅속에 묻는 장면을 뉴스 화면으로 보면 가슴이 먹먹해진다. 하물며 그 가축들을 직접 키운 주인들 입장에서는 얼마나 가슴이 미어지는 일이겠는가? 해당 부처인 농림축산식품부가 방제에 힘을 쏟고 있지만, 가축 전염병 예방 문제는 1950년대부터 벌인 국가적 캠페인이었다.

한국민사원조처(KCAC: Korean Civil Assistance Corporation)의 포스터 '가축 전염병 예방' 편(1955)을 보자. "가축 전염병 예방"이라는 헤드라인 아래, 전염병에 대처하고 예방하는 방법을 명쾌한 카피에 흥미로운 그림을 더해 인상적으로 설명했다. "축사에 드나들 때는 반드시 신발을 소독하자" "병이 들거든 곧 가축병원에 가서 치료를 받게 하자" 등 전염병

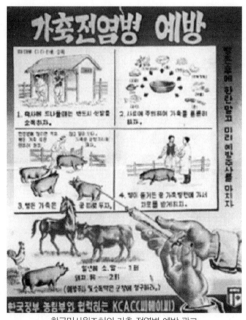

한국민사원조처의 가축 전염병 예방 광고

에 대처하는 순서에 따라 카피 메시지를 제시했는데, 지금 하고 있는 전염병 예방 순서와도 큰 차이가 없어 배시시 웃음이 나온다.

포스터에 격자무늬 창과 비슷한 그리드(Grid) 레이아웃을 적용함으로써 단계별로 쉽게 이해할 수 있도록 했다. 화가 몬드리안이 자주 썼기 때문에 몬드리안 레이아웃이라고도 부르는 이 레이아웃의 매력은 핵심적인 내용을 구획을 지어 정리할 수 있다는 데 있다. 축사에 드나드는 장면을 묘사한 첫 번째 그림, 주사기를 크게 강조한 오른쪽 하단의 그림에서 알 수 있듯이 삽화 솜씨가 보통이 아니다.

이 포스터를 제작한 KCAC는 1950년대에 우리나라에서 활동했던 유엔 산하의 원조 기구다.[7] KCAC는 6·25 전쟁 직후에 민간인의 원조와 한국의 재건을 위해 백방으로 노력했다. 군인 528명을 비롯해 모두 765명의 직원으로 구성된 이 기구는 교통, 통신, 공공사업, 농업, 건강, 복지, 원조물자의 공급 및 분배 같은 광범위한 분야에 걸쳐 활동하다 1955년 11월 30일 해체됐다. 이 기구는 특히 우리나라 농림부와 함께 농촌 지원 캠페인을 전개함으로써 농촌 계몽에 크게 기여했다.

앞으로도 가축 전염병은 언제 어디서 발생할지 아무도 모른다. 해당 부처인 농림축산식품부에서 노력한다 해도, 전염병은 환경적 요인으로 발생해 예측 불허의 속도로 확산되기 때문이다. 국회에서는 가축 전염병 예방 문제를 자주 논의하지만, 초기 방역의 골든타임을 놓치지 않을 수 있는 획기적인 방역 체계를 마련하는 문제가 무엇보다 시급하다. KCAC의 포스터가 나온 지 벌써 60여 년이 지나는 시점이라 더더욱 그런 생각이 든다.

개조와 재건

새마을운동에서 비전을 찾자는 시도

정부는 새마을운동을 지구촌에 전파하는 노력을 지속적으로 추진해왔다. 지방자치단체 및 국제기구와 긴밀히 협력해 새마을운동을 세계의 정신 운동으로 전파하겠다는 구상이다. 새마을운동에 대한 역사적 평가가 엇갈리는 상황에서 기존의 성과와 한계를 바탕으로 새로운 비전을 찾겠다는 시도를 하고 있는 셈이다. 박정희 대통령이 추진한 국가적 캠페인이라고 해서 평가절하할 일도 아니지만 그렇다고 해서 맹목적으로 평가절상할 일도 아니다.

지엠코리아의 새마을트럭 광고(1974년 7월 22일, 「경향신문」)

    지엠코리아의 새마을트럭 광고 '생산 개시' 편(1974년 7월 22일, 「경향신문」)을 보자. "새마을운동의 역군!"이라는 헤드라인 아래 자동차 국산화의 선주자(先走者)라고 강조하고 있다. 보디 카피에서는 "지엠코리아는 새마을 정신에 따라 순수한 우리의 손에 의하여 설계된 근면, 성실한 일꾼, 새마을트럭을 완전 국내 생산, 공급케 되었읍니다"라며 자동차의 성능을 부각시키기보다 새마을 정신에 따라 국산 자동차를 만들었음을 강조하고 있다.

    더욱 인상적인 것은 전국 방방곡곡에서 새마을 트럭이 활용되고 있다면서 네 컷의 현장 사진을 배치하고 중앙에 트럭을 합성해 붙였다. 취로 사업을 하는 장면이나 추곡 수매를 하는 장면을 보여주며, 그만큼 널리 활용되고 있다는 점을 아나운서의 현장 중계처럼 전달하고 있다. 생산 차종은 새마을트럭, 새마을밴, 새마을픽업 등 세 가지다. 모든 차종 앞에 '새마을' 자를 붙인 점이 인상적이다. 상업 자동차 광고 에서까지 새마을을 붙인 걸 보면 새마을운동이 그만큼 국민 적 공감대를 얻었으리라는 당시의 사정을 엿볼 수 있다.

어쨌든 거의 반세기가 지나는 시점에서 새마을운동이 세 계로 뻗어나가는 것은 바람직한 일이다. 국내에서도 제2의 새마을운동을 범국민 운동으로 전개하자고 시도하기도 했 다. 정부에서는 아시아 지역의 미얀마·라오스·네팔·베트남 ·캄보디아를, 아프리카 지역의 르완다·우간다· 모잠비크· 에티오피아를, 새마을운동의 중점 협력국으로 확정하고 집 중적으로 지원한다고 한다. 이 대목에서 짚어볼 것은 제2의 새마을운동이 과거처럼 조국 근대화나 경제성장을 추진하 는 운동에 그치면 절대로 새마을운동이라는 브랜드 가치를 창출할 수 없다는 사실이다.

새로운 새마을운동은 미국 프랭클린 루스벨트 대통령 시 절의 뉴딜 정책처럼 국민의 창의성을 계발해 일자리를 늘리 는 창조 운동이자 다원적 문화 역량을 키워내는 문화 운동 이 되어야 한다. 국민통합을 이끄는 공동체 운동이니 미래지 향적 시민의식 개혁 운동이라느니 이런 말들은 정책적 차원 에서야 의미가 있겠지만 국민의 공감을 얻기에는 한계가 있다. 정말로 중요한 것은 창의성을 바탕으로 국민의 공감을 얻을 수 있는 아이디어를 창출하는 일이다. 이제 새마을운동에 대해 맹목적으로 과대평가만 하지 말고, 그 운동의 진정한 가치와 의의를 비판적 안목에서 재조명해볼 때다.

나무를 심으며 희망을 심자는 식목일

"나무를 심자. 나무를 심자. 희망을 심자!"

산림청에서 2014년에 제작한 「식목일 캠페인송」의 노랫말 일부다. 우리나라 식목일 역사상 최초의 캠페인 노래인데 그 음원까지 공개한다고 하니, 이 노래의 흥겨운 후렴구가 널리 퍼져 나무 심기의 중요성을 환기하는 계기가 되었으면 싶다. MBC 문화콘서트 '난장'의 음악감독 출신인 전용석 씨가 재능 기부로 작곡을 했고, 노랫말은 2013년 전국 청소년 숲사랑 작품 공모전에 입상한 박선정 어린이의 '나무를 심는 날'이 뼈대가 되었다. 산림청장을 비롯한 유명 가수들의 재능 기부를 통해 만들어진 이 노래가 땅에 뿌리박는 나무처럼 우리 가슴속에 뿌리내렸으면 싶다.

서울특별시를 비롯한 여러 회사의 공동 광고인 '제27회 식목일' 편(1972년 4월 4일, 「경향신문」)을 보자. 벌써 40여 년이

제27회 식목일을 알리는 공동 광고(1972년 4월 4일, 「경향신문」)

흘렀지만 당시의 식목일을 상상해보자. 여러 농원과 화원에
서 공동으로 참여한 광고인데, 식목일을 맞이해 신문사에서
기획해 여러 광고주가 얼마씩 광고비를 분담했을 공동 광고
가 분명하다. 여러 광고주가 광고 시안을 사전에 승인했을
테고 서울시가 맨 앞에 들어 있으니 정책 광고가 분명하다.

"너도 한주 나도 한주 600만이 600만주!"라는 헤드라인
에 맞춰 "푸른 서울 가꾸어 자손만대 물려주자!"라는 또 다
른 헤드라인을 쓴 것으로, 그 시절에 유행했던 표어형 헤드
라인의 전형을 엿볼 수 있다. 그림에서는 구름 낀 장대한 숲
에 별도의 지면을 따내서 아름드리나무를 보여주었다. 왜 별

다른 식목일 공동 광고

도의 지면을 따냈는지 창작 의도를 알 수 없지만 아마도 '숲'
만 보여주지 말고 '나무'도 함께 보여주려는 생각이었으리라.

식목일에 대한 정부 정책은 수시로 바뀌었다. 정부 수립
직후에는 산지의 자원화를 위해 매년 4월 5일을 기념일로
정했다가, 1960~1961년에는 3월 15일을 나무 심는 '사방
(砂防)의 날'로 했다가, 이후 다시 4월 5일을 식목일로 바꿨
다. 1961년에는 대통령령을 개정해 공휴일로 지정했다가,
1973년에는 다시 기념일로 바꾸고, 그 후 다시 공휴일이었
다가 지금은 공휴일이 아니다. 박정희 대통령은 "온 국민이
산림경찰이 되자"고 치산녹화를 강조하거나(1970년 4월 6일,

「경향신문」), "식목일을 연간 이틀로 하자"는 담화문을 발표하기도 했다.(1977년 4월 6일, 「동아일보」)

나무 심기의 중요성은 아무리 강조해도 지나치지 않을 터. 울창한 산림은 부국의 원천이라는 논리가 1970년대의 지배적 담론이었는데, 스웨덴이나 핀란드에 가보면 도로변에 족히 50미터는 넘어 보이는 나무들이 울창하게 들어차 있어 입이 다물어지지 않을 때가 많다. 일본에서는 4월 4일이 식수제(植樹祭)이고, 독일에서는 4월 가운데 하루가, 미국에서는 4월의 마지막 주 금요일이 식목일이고, 중국은 3월 12일이 식수절(植树节)이다. 여러 나라에서 한결같이 나무 심기의 중요성을 강조한 데는 울창한 산림을 그만큼 중요하게 생각했기 때문이다.

이제 우리나라에서도 식목일에만 반짝 하는 행사로 그치지 말고 몇 년간 계속되는 '나무 심기 홍보 캠페인'을 전개해야 한다. 민간 기업인 유한킴벌리는 30년 이상을 "우리 강산 푸르게 푸르게!" 캠페인을 전개해왔다. 그것이 화장지 생산 기업의 우회적인 홍보 활동이든 아니든 간에 우리의 자연보호 인식에 상당한 영향을 미친 것만은 분명하다. 식목일을 기념하는 노래는 장기 캠페인으로 가는 시작에 불과하다. 역사상 처음 만들어진 캠페인 노래이니만큼 자주 바꾸지 말고 이 노래를 활용해 20년 이상의 장기 캠페인을 전개했으면 싶다. 나무 심기에 대해 주문을 걸듯 반복되는 노랫말이 매력적이다. 중독성이 있다고나 할까? 이 노래가 더 많이 알려져 나무 심기 캠페인에 동참하는 분들이 비약적으로 늘어나기를 바란다.

고용정보보다 멋진 작명 '직업안정소'

대학들이 취업률 경쟁으로 몸살을 앓고 있다. 교육부는 해마다 학교 규모별 취업률 현황을 발표하고, 대학에서는 전공별 취업 컨설팅도 자주 실시한다. 취업률과 유지 취업률이 전년도보다 크게 나아지면 안도의 한숨을 쉬겠지만 그렇지 못할 경우에는 전전긍긍하기 마련이다. 4대보험 가입 여부로 취업률을 결정하기 때문에 당연히 부작용이 있을 수밖에 없다.

예를 들어, 간호학과 졸업생은 국가고시에 합격하고 종합병원 시험에 합격하면 100퍼센트 취업이나 마찬가지다. 그런데 병원 사정에 따라 임용이 늦어지면 교육부 기준의 취업률 통계에 잡히지 않기 때문에, 대학에서는 임시방편으로 동네 병의원에라도 취업시키라고 교수들을 내몰고 있다. 임용을 기다리는 기간에 학생들이 자기 좋아하는 일을 한다면 시간을 훨씬 유용하게 쓰지 않겠는가.

정부에서는 이미 오래 전부터 직업의 안정성을 유지하는 데 관심을 기울여왔다. 국립중앙직업안정소의 광고 '업무 안내' 편(1979년 8월 1일, 「경향신문」)을 보자. 공고의 성격을 있는 그대로 나타내기나 하듯 헤드라인은 "국립 중앙직업안정소 업무 안내"다. 서브헤드에서는 "사업주 여러분의 종업원 모집의 어려움을 돕고 노동자 여러분의 취직을 돕기 위하여 설치된 기관"이라며 기관의 성격을 소개했다. 본문에서는 누구나 자유롭게 종업원을 구하는 곳, 누구나 이용할 수 있

국립중앙직업안정소의 업무 안내 광고(1979년 8월 1일, 「경향신문」)

는 직장 알선 기관, 직업에 관한 모든 정보와 노동력 수급에 관한 모든 정보를 제공하는 곳이라고 하면서 직업안정소의 성격을 크게 세 가지로 설명했다. 사무실이 영등포에 있다는 점을 소개하는 약도가 비주얼의 전부다. 광고를 마무리하면서, 모든 서비스가 "완전히 무료로 제공되고 있으며 앞으로 전국 각지에 지방 직업안정소를 설치하고 컴퓨터로 연결된 통신망을 운영하여 써어비스(서비스)를 보다 넓고 신속하게 개선할 계획"이라며 앞으로의 비전을 제시했다.

1979년, 노동청 산하기관으로 국립중앙직업안정소가 설립된 이후 1986년에 한국 최초의『직업사전』을 발간하는 등 직업의 안정성을 정착하는 데 기여해왔다. 지금은 2006년 3월에 직업안정소를 모태로 고용노동부 산하기관으로 개원한 한국고용정보원이 그 일을 하고 있다. 신속하고 정확한 고용정보를 제공해 인력수급을 원활하게 하는 데 한국고용정보원의 존재 이유가 있다. 고용안정 정보망인 '워크넷(Work-Net)'은 유익한 고용정보 서비스를 제공하고 있다. 구인·구직이나 고용지원 제도에 관한 정보 제공, 직업 적성 및 흥미 검사, 사이버 직업상담, 사이버 채용박람회, 집단상담 프로그램 신청 같은 여러 가지 취업 지원 서비스를 제공하는 데 워크넷이 두루 활용되고 있다.

대학생은 물론 모든 국민에게 행복한 일자리를 찾아주고

연결하는 것도 중요하다. 그렇지만 국민들의 일자리를 찾아주고 직무능력 향상에 관련된 정보를 제공하던 기존의 서비스를 넘어, 한국고용정보원이 기관의 새로운 가치와 방향성을 모색할 때도 되었다. 놀랍게도 주변을 둘러보면 이런저런 일자리는 있다. 그러나 일거리가 없다. 일자리 못지않게 일거리 아이디어를 찾는 문제가 시급한 이유다.

최근 뉴욕 뒷골목의 벤처 타운인 '실리콘앨리(Silicon Alley)'가 되살아나고 있다는 소식이 들려왔는데 참으로 반가운 뉴스였다.[8] 실리콘앨리가 실리콘밸리에 버금가는 스타트업(Start-up)의 중심지로 급부상한 것이다. 연구 중심인 실리콘밸리와는 달리, 실리콘앨리에서는 정보통신 기술을 실생활에 접목해 다양한 일거리를 창출했다. 오래오래 일할 수 있는 고용창출 효과가 실로 엄청나 직업의 안정성을 높여주고 있다. 일자리를 알려준다는 '고용정보'라는 거창한 최신 용어보다 오래오래 안정적으로 직업이 보장된다는 의미가 강한 '직업안정'이라는 말이 훨씬 큰 개념으로 다가온다. 벌써 아득한 옛날 같은 1979년에 쓴 용어인데도 말이다. 정책 제안서의 갈피갈피마다 직업 안정의 파이프라인을 매설할 때다.

우편번호제처럼 도로명주소도 정착

2014년 1월 1일부터 도로명주소법이 전면 시행되었다. 도로명주소란 기존의 지번이나 아파트 이름 대신 '도로명+건물번호'로 구성된 새로운 주소 체계다. 1910년 일제의 토지조사 때 부여한 지번 체계가 100여 년이 지나는 동안 현실에 맞지 않다는 지적에 따라 2007년에 도로명주소법이 제정되었다. 그렇지만 인지도가 낮아 시행을 연기해오다 2014년 들어 전면 시행되었다. 도로명주소에 대해 알고 있다는 인지율은 90퍼센트에 이르지만 활용률은 30퍼센트에 못 미친다고 한다. 이런 현상은 1970년에 실시된 우편번호제와 사뭇흡사한 측면이 있다. 우편번호제를 실시했을 때도 처음에는 활용률이 높지 않았고 반발하는 경우도 많았다.

체신부(현 우정사업본부)의 광고 '우편번호제 실시' 편(1970년 6월 30일, 「경향신문」)을 보자. "세계로 뻗어가는 체신!"이라는 헤드라인을 가로로 기다랗게 제시하고, 지면을 4등분해 메시지를 설명하는 레이아웃을 적용했다. 먼저 "우편번호제란?" 무엇인지 알리며 의령 우체국의 사례를 시각적으로 제시하면서 이해를 돕고 있다. 이어서 "우편번호제를 실시하면" 능률부터 송달 속도, 경제적인 면과 기계화 면에서 어떻게 좋아지는지 설명하는 동시에 주소와 번호, 기계로

우편번호제의 편리함을 알리는 체신부의 광고(1970년 6월 30일, 「경향신문」)

우편물을 분류할 때 시간 차이가 얼마나 나는지 막대그래프
로 비교했다.

또한, "우편번호는 어떻게 쓰는가?"라며 우편물 봉투 표
면의 윗부분 오른쪽에 있는 번호 기재 칸에 다섯 자리 번호
를 써야 한다고 설명하고 있다. 일반 봉투와 엽서 봉투 그리
고 원통 및 사각형 소포에는 어떻게 우편번호를 기재해야
하는지도 일러스트레이션으로 간명하게 표현함으로써 이해
를 돕고 있다. 주목도가 가장 높다고 알려진 오른쪽 지면에
는 1970년 7월 1일부터 우편번호제를 실시하니 국민 모두가
협조해 달라는 장관의 당부 말씀을 담고 있다.

제2의 우편 탄생이라고 할 우편번호제가 실시됨으로써
우편물의 주소를 읽지 않더라도 배달 우체국을 쉽게 구분하
게 되었다. 수작업으로 한 시간에 1,500통까지 분류하던 우

편물이 3,000통으로 늘었다. 우편번호제를 실시하는 궁극적인 목표는 사람의 손이 아닌 컴퓨터를 이용해 우편물을 분류하기 위해서였다. 주목할 만한 기대 효과는 우편배달의 정확성과 신속성의 향상이었다. 우리나라는 1959년 10월 영국에서 처음으로 시작한 우편번호 제도를 대만과 일본에 이어 아시아에서 세 번째로, 세계에서 15번째로 실시한 국가가 되었다.

지금 우편번호제에 반발하는 사람은 없다. 실시 초기에 이 제도를 주민통제 수단이라고 주장하던 분도 있었다고 하면 믿을 수 있겠는가. 도로명주소도 숱한 논란을 거쳐 비로소 시작되었다. 도로명주소가 정착되면 우편이나 택배의 효율성도 높아지고 일상에서의 주소 찾기도 한결 쉬워지리라. 새로운 모든 제도에 대해 찬반양론이 있게 마련이다. 이 대목에서 우편번호제의 성공 사례에 주목해보자. 정부의 발표 자료를 보면 도로명주소를 시행하면 물류 분야에서만 연간 3조 4,000억 원의 예산을 절약하는 효과를 기대할 수 있다고 한다. 당장에는 좀 불편하더라도 새 주소를 익히려고 노력하자. 정부도 현장 구석구석과 연계시킨 홍보 활동을 다각도로 전개해야 한다.

정부기관에서 새해 축하 광고도 했다

어김없이 새해가 밝아온다. 지금은 사라진 풍경이지만 1960~1970년대에는 정부 각 기관에서 새해 축하 광고를 매체에 많이 게재했다. 근하신년(謹賀新年). 지금도 쓰이고 있는 이 말은 비록 상투적인 표현이기는 해도 정부기관에서 국민에게 희망의 의지를 담아 새해 인사를 전하기에 더할 나위 없이 적절한 표현이었으리라. 새해 축하 광고 두 편을 살펴보자.

충주비료주식회사의 광고 '새해 인사' 편(1967년 1월 1일, 「경향신문」)을 보자. 광고에서 가장 두드러진 대목은 "새해의 선물"이라는 말풍선을 그려넣고 요소(尿素) 비료 포대를 들

충주비료주식회사의 새해 인사 광고(1967년 1월 1일, 「경향신문」)

어 보이는 삽화다. 들고 있는 사람의 그림자까지 자세히 묘사했으며, 저 멀리 밭두렁에는 땅바닥을 쳐다보는 농부 세 명이 있다. 한겨울에도 비료를 먹고 쑥쑥 자라나는 보리 싹을 형상화하려 했으리라.

당시 정부기관 광고에서는 흔히 기관장의 이름을 밝혔는데 이 광고에서도 충주비료 사장의 이름으로 새해맞이 인사를 전하고 있다. "새해를 맞이하여 당사 제품을 애용하여주시는 여러분의 가정에 풍년을 맞이하는 복 받으시기를 축원합니다." 요소 비료나 공업용 요소 같은 제품 품목도 나열하고 있다. "풍년을 자랑하는 풍년표 화학비료"(1968년 3월 1일, 「매일경제신문」)라는 슬로건에서 알 수 있듯 당시 이 회사에서 생산하는 비료 브랜드의 이름은 풍년표였다. 요즘 널려 있는 영어 투의 브랜드 이름과 비교하면 촌스러운 느낌이 들지만, 풍년을 간절히 염원하는 마음을 전달하기에는 손색이 없다.

충주비료공장은 비료 자급 능력 향상과 외화 절약을 목적으로 1961년에 준공됐다. 충주비료, 괴산발전소, 문경시멘트공장은 당시 산업시찰 코스로 지정돼 매일 관광객 수백 명이 찾아가던 대표 산업체였다. 충주비료공장은 한국인의 손으로 만든 첫 번째 화학비료 공장으로서 1960년대 우리나라산업과 농업 발전에 지대한 공헌을 한 상징적인 존재였다.

다음으로, 여러 정부기관의 공동 광고 '새해 인사' 편

(1971년 1월 5일, 「경향신문」)을 보자. 국세청, 한국수자원개발공사, 대한중석광업, 평화건업, 충주비료, 원호처, 국립보건연구원, 대한증권업협회에서 공동으로 낸 광고다. "안정과 번영을 향해 더욱 힘껏 노력합시다"라는 헤드라인으로 새해를 맞이하는 기관의 의지를 담았다. 국토 개발공사 현장의 모습을 배경으로 삼았지만 카피 부분을 하얗게 강제로 분할했기에 무척 어색하게 느껴진다.

지금은 정부기관에서 새해 축하 광고를 하는 경우가 퍽 드물다. 여러 가지 사정이 있어 그렇겠지만, 새해 축하 광고는 내부 구성원들의 마음을 오롯이 한곳으로 모으고 기관의 비전이나 의지를 국민들에게 설명할 수 있다는 점에서 긍정적인 효과도 크다. 정부에서 기획하는 정책이 국민의 공감대

새해를 맞아 나온 정부기관 공통 광고(1971년 1월 5일, 「경향신문」)

를 얻었으면 싶다. 그리고 새해가 오면 우리 모두 소망하는 것들이 이루어지고 모든 일이 순조롭게 풀렸으면 싶다.

공명선거 캠페인이 필요 없는 선거철

대통령 선거, 국회의원 선거, 지방자체단체장 선거 등 우리나라에서 치러지는 선거의 종류도 많다. 선거 때만 되면 각 지역의 선관위 사무실이나 단체를 중심으로 공명선거 실천 결의식이 열린다. 선관위에 후보 등록을 마친 후보들은 공명선거 서약서에 서명하고 카메라 앞에서 공명선거를 다짐하거나 유권자들과 함께 공명선거 플래시몹을 펼치기도 한다. 이런저런 형태의 공명선거 캠페인! 그 캠페인들은 분명 공명선거를 사전에 다짐한다는 차원에서 의미가 크지만, 한편으로 그동안 얼마나 공명선거를 이루기가 힘들었기에 매번 그런 의식을 치러야 하는가 싶다. 정부는 1960년대부터 공명선거를 강조해왔다. 그런데도 아직껏 공명선거 100퍼센트를 달성했다고 말하기에는 무리가 따른다.

공보부(현 문화체육관광부)의 광고 '공명선거 표어 공모' 편 (1967년 3월 16일, 「동아일보」)을 보자. 지금과 달리 선거관리위원회가 아닌 공보부가 광고주로 되어 있는 이 광고의 헤드

공보부의 공명선거 표어 공모 광고(1967년 3월 16일, 「동아일보」)

라인은 "공명선거 계몽표어 현상공모"다. 제6대 대통령 선
거와 제7대 국회의원 선거를 맞이하여 정부와 국민이 혼연
일치로 단합해 공명선거를 이룩하자는 의지를 담은 표어를
공모한다는 내용이다. 표어에서 강조되어야 할 내용으로 다
음 두 가지 사항을 꼽았다.

"민주정치의 본질은 선거에 있으며 이번에 실시하는 양차의(두 차례의) 선거에서 공명선거를 성취함으로써 우리의 민주정치 발전에 확고한 터전을 닦아야만 하겠다는 국민의 여망을 단적으로 표현하는 내용." "선거권은 민주국가의 국민만이 가지는 자랑스러운 권리이며 그 정당한 권리의 행사가 결실하는(결실을 맺는다는) 중요성을 강조하고 적극적인 선거 참여를 촉구하는 내용." 재미있게도 발표는 3월 30일 서울중앙방송국(현 KBS) 제1방송 정오 뉴스 시간에 했다.

이후 선거 때마다 슬로건(표어)을 공모하는 관행이 생긴 듯하다. "나와 가족을 위해 투표로 응원하세요." 2014년에 치른 제6회 지방선거의 슬로건이다. 단지 주권을 행사하기 위한 1표가 아니라 1표가 자신과 가족의 삶과 맞닿아 있다는 의식을 갖고 투표소로 향하자는 뜻이 담겨 있다고 한다. 선거 슬로건은 선거 당시의 시대상을 반영하기 마련이다. "사람마다 나라주인 투표로서 주권행사"(1963년 제6대 국회의원선거) "깨끗한 한 표, 우리의 잘사는 길이다"(1971년 제8대 국회의원선거) "공명선거로 신바람 나는 지방자치시대를"(1995년 제1회 전국동시지방선거) "나와 가족을 위해 투표로 말하세요."(2010년 제5회 지방선거)

이런 슬로건을 통해 우리의 공명선거 문화는 많이 발전해 왔다. 그럼에도 선거 캠페인의 메시지 전략을 잘못 구사함으

로써 효과가 반감되는 경우도 있다. 선거 캠페인의 메시지 전략 모델은 다음 그림과 같다.[9]

그림에서 알 수 있듯이, 선거 메시지는 이슈 소구, 이미지 소구, 긍정적 소구, 부정적 소구 등 네 가지가 있다. 이때 반드시 고려해야 할 사항은 대처 방안과 크리에이티브 수준이다. 선거 관련 기관에서 어떻게 대처하고 어떠한 크리에이티브를 채택하느냐에 따라 유권자의 선거 태도에 미치는 영향력이 달라진다. 현재의 문제점을 적극적으로 개선하려는 적극적 대처와 현재 상태에서 약간만 개선하는 소극적 대처

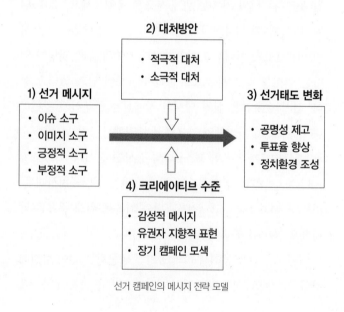

선거 캠페인의 메시지 전략 모델

방안이 있을 수 있는데, 어떤 선택을 하느냐에 따라 선거 캠페인의 개선 방향이 달라질 것이다. 크리에이티브도 감성적 소구를 바탕으로 유권자가 공감할 수 있는 메시지를 개발해 장기적인 캠페인으로 발전시켜야 한다.

결국 대처 방안과 크리에이티브 수준을 어떻게 조절하느냐에 따라 공명성 제고, 투표율 향상, 정치환경 조성이라는 선거 캠페인의 효과가 달라지는 것이다. 역설적이게도 가장 완벽한 공명선거 캠페인이란 공명선거를 치러야 한다는 인식이 홍수처럼 범람해 그런 캠페인 자체를 아예 할 필요가 없어지는 상황이 아닐까? 언젠가 선거철이 되어도 공명선거 캠페인을 전개할 필요가 없을 그런 때가 왔으면 싶다.

제도와 행정

미터법이 아직도 정착되지 않았다니

요즘에는 단위 때문에 혼선을 빚는 경우가 거의 없지만 50~60여 년 전만 해도 단위를 측정하는 기준이 지금과는 많이 달랐다. 우리나라는 1948년에 미터법과 국제단위계를 표준 계량단위로 지정했지만, 1961년에야 미터법 사용에 대한 법률이 제정되었다. 계량법 제11조에 의해 1963년 5월 31일부터 거래·증명(證明)에 미터법 외에는 쓰지 못하도록 규정했고, 1964년 1월 1일부터는 건물과 토지를 제외한 모든 분야에서 미터법을 전면적으로 실시했다.

그렇지만 미터법은 민간에 바로 뿌리내리지 못하고 척근법과 야드파운드법이 계속 사용되었다. 척근법(尺斤法)은 고대 중국에서 시작되어 동아시아권에서 널리 사용된 도량형 단위계로, 길이는 척(尺)으로, 무게는 근(斤)으로 나타냈다.[10] 야드파운드법(imperial units)은 영국에서 쓰던 단위계로, 길이는 야드로, 질량은 파운드로 표기한다.[11]

미터법 사용을 강조했던 1960년대로 돌아가 보자. 상공부 (현 산업통상자원부) 중앙계량국의 광고 '미터법 사용' 편(1966년 11월 16일, 「매일경제신문」)에서는 "너도 나도 계량에는 미터법 단위로!"라는 헤드라인을 써서 미터법 사용을 강조했다.

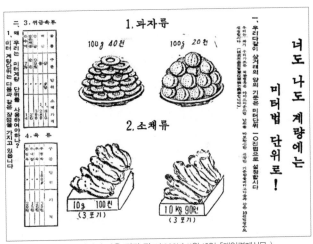

상공부의 미터법 사용 권장 광고(1966년 11월 16일, 「매일경제신문」)

광고 내용은 다음과 같은 두 가지로 요약할 수 있다.

첫째, "우리 다 같이 상거래의 양의 기준은 미터 단위 10진법으로 설정합시다"라며, 우리가 "과거 우리가 쓰든(쓰던) 척관법 혹은 야아드파운드법 단위를 바로 환산한 복잡한 기준량을 버리고" 10진법을 사용하기를 촉구했다. 이를 더욱 생생하게 느낄 수 있도록 펜으로 과자류와 소채류(채소류)를 그린 다음 그램(g)당 가격을 표시했고, 귀금속류와 육류에는 표에 세세한 단위별 가격을 제시하며 설명했다.

둘째, "왜 우리는 미터 계량단위를 사용하여야 하나?"라는 질문을 던지며 미터 계량단위는 "계량단위가 10진법으로 되어 있어 사용하기 편리"하기 때문이라며 길이, 넓이, 무게, 부피에 따라 기본 단위를 상세히 설명했다. 예컨대, '1센티미터=10밀리미터' 같은 식으로 각 단위를 설명했다. 또한, "국제적으로 널리 보급되어 있고 학술연구는 미터법 계량단위에 의해서만 연구"되고 있다며, 척근법이나 야드파운드법을 썼을 때 길이나 무게가 얼마나 복잡해지는지를 비교해서 제시한 점이 흥미롭다. 광고의 마지막 부분에 "이제부터 모든 계량에는 너도 나도 다 같이 미터법 단위만을 사용합시다"라며 미터법 사용을 다시 강조하는 것도 잊지 않았다.

미터법은 1790년대에 프랑스에서 제안해 이미 대부분의 국가에서 사용하고 있지만 아직도 우리나라에서는 완전히 정착되지 못했다. 정부는 1983년 1월 1일부터 건물과 토지까지도 미터법을 실시했고, 2007년에는 척근법과 야드파운드법을 상거래나 측량에 사용하면 벌금을 부과하기로 했다. 오죽했으면 벌금까지 매겼을까? 더욱이 우리나라에서 미터법과 국제단위계가 정착한 정도는 일본이나 중국 같은 다른 동아시아 국가보다 훨씬 낮다고 한다. 국가 브랜드의 위상은 올라갔어도 아직도 미터법이 정착되지 못한 현실을 어떻게 설명해야 할까? 일상에서의 미터법 사용을 강조하는 캠페인이라도 다시 벌여야 할 것 같다.

전 국민 의료보험 시대 활짝 열렸다

1977년 7월 1일, 우리나라 사람들은 좀 많이 헷갈렸으리라. 그날부터 의료보험과 부가가치세라는 두 가지의 생소한 정책이 실시되었으니까. 그날 신현확 보건사회부 장관은 '의료보험 실시에 즈음한 특별담화'를 발표했다. 한국의 슈바이처로 불리는 장기려 박사가 영세민에게 의료복지 혜택을 주기 위해 1968년에 청십자의료보험조합을 발족한 지 10년 만에 의료보험이 국가의 주요 정책으로 떠오른 것이다. 청십자의료보험조합은 1968년에 부산 지역의 23개 교회 단체의 대

보건사회부의 의료보험 시대 개시 광고(1989년 6월 27일, 「동아일보」)

표가 주축이 되어 설립한 우리나라 최초의 자영자 의료 보험 조합이다.[12] 그렇지만 의료보험의 혜택을 설명하는 장밋빛 청사진에도 불구하고 500인 이상의 사업장 근로자나 공단 지역 근로자 같은 약 350만여 명(전 국민의 10퍼센트)만이 그 혜택을 받았다. 그 후 의료보험의 적용 범위가 계속 확대되다가 마침내 1989년 7월에 전 국민 의료보험 시대가 열렸다.

보건사회부(현 보건복지부)와 의료보험연합회의 공동 광고 '의료보험 시대' 편(1989년 6월 27일, 「동아일보」)을 보자. "7월 1일, 드디어 전국민 의료보험시대가 활짝 열립니다"라는 헤드라인 아래, 지면 왼쪽에 도시 지역 의료보험의 운영 원칙을 설명하고 오른쪽에는 7월 1일에 시작되는 새로운 진료 절차에 대해 상세히 설명하고 있다. 의료보험증을 배경으로 한 가족이 웃고 있는 사진을 광고 지면의 중간에 배치함으로써 두 가지 주요 정보가 자연스럽게 구별되도록 했다.

사진 아래쪽 부분에는 1977년 의료보험 실시 후 12년 만에 모든 국민이 의료보험에 가입되어 누구나 치료비 걱정 없이 양질의 의료 혜택을 누리게 되었다는 사실을 부각시켰다. 그리고 "평소에 각자 능력에 맞게 보험료를 내어 병이 났을 때 누구나 공정하게 치료 혜택을 받는 사회보험제도"라며 의료보험의 개념을 설명하고 "가입자 본인과 사용자 또는 정부가 부담하는 보험료로 운영되는 제도이므로 보험료를 성실히 납부하셔야" 한다는 사실도 빼놓지 않았다.

이제 의료보험 제도가 완전히 정착되어 병의원을 찾는 거의 모든 국민이 이용하고 있다. 2017년 8월 1일부터는 75세 이상 고령층도 가입할 수 있는 '노후실손의료보험'이 출시된다. 이 보험은 지금의 65세에서 75세까지 가입 연령을 늘리고, 자기 부담금 규모도 확대한 것이다. 금융위원회는 최근 이런 내용을 담은 보험업감독규정의 최종 개정안을 확정했다고 발표했다. 가입 연령은 올리고 보험료 부담은 낮췄다는 게 이 의료보험의 특징이다. 100세 시대를 맞이해서 어르신들에게 더 많은 혜택이 돌아가는 새로운 보험 상품이 나온다는 것은 반가운 소식이다.

의료보험이란 개인의 건강문제를 부담 능력에 관계없이 해결하기 위해 사회적으로 공동으로 대처하는 수단이다. 최근에는 질병이나 상해로 가입자가 지출한 병원비의 일정 부분을 보험사에서 대신 보장해주는 실손보험 같은 의료실비 보험에 대한 관심도 점점 높아지고 있다. 이는 국민건강보험이 해결하기 어려운 부분을 보완해주는 기능을 한다. 의료 기술의 발달에 발맞춰 의료비 부담도 계속 늘어나는 추세를 나타내고 있다. 그렇지만 우리나라의 보험료가 미국에 비해 매우 저렴하다는 것도 엄연한 현실이다. 전 국민 의료보험

시대 활짝 열렸다고 대대적으로 광고한 지 어느새 벌써 사반세기가 지나갔다. 국민 모두 더 질 좋은 의료 서비스를 받을 수 있는 보험 체계를 앞으로의 사반세기를 내다보고 궁리할 시점이다.

불량식품과의 전쟁이 아직 한창이다

최근 유통기한이 임박한 식품들을 다시 가공해 유통기한을 1년 정도 늘리는 냉동식품 업체들의 문제점이 언론에 집중 보도되고 있다. 허술한 유통기한 규정 때문에 제대로 단속도 못 한다는데, 이런 부정불량식품이 우리 사회에서 추방될 날은 언제쯤일까?

유통기한이 하루이틀 정도 남은 냉동 치킨 포장을 뜯고 기름에 튀겨 새 포장지에 넣고 유통기한을 다시 표시하면 끝. 새롭게 튀겨진 폐기 직전의 치킨은 완전히 새 옷으로 갈아입고 출고를 기다린다. 이런 일이 스마트 시대에도 버젓이 자행되는 있다니. 가공식품의 유통기한은 완제품의 제조일부터 계산되는데, 거기에 들어간 원재료 하나하나의 유통기한을 규제할 근거가 없어 이런 일이 벌어진다고 한다. 즉, 유통기한이 끝나기 직전의 치킨도 원재료로만 쓰이면 재가공해 얼마든지 다시 유통할 수 있다는 것이다.

정부는 1970년대부터 불량식품과의 전쟁을 벌여왔다. 보건사회부(현 보건복지부), 내무부(현 안전행정부), 법무부의 공동 광고인 '부정불량식품 캠페인 1' 편(1976년 7월 13일, 「동아일보」)을 보자. "부정, 불량식품을 추방하자!"라는 헤드라인 아래 "유해 식품 특별단속 실시에 즈음하여" 국민에게 드리는 담화문을 깨알 같은 보디 카피로 전달하고 있다. 친애하는 국민 여러분, 식품 제조업자 여러분, 식품의 소비자인 국민 여러분, 무허가 불량식품 영업자 여러분 등 불량식품의 제조와 유통 및 소비에 관련되는 모든 사람에게 불량식품을 추방하자고 권고하고 있다. 특히 무허가 불량식품 영업자에게는 "비위생적인 무허가 식품을 생산 판매하는 것은 바로 살인 행위라 할 수 있으므로 마땅히 엄벌에 처해야" 한다며, 보건범죄 단속에 관한 특별조치법에 따라 처벌받을 수 있다고

부정불량식품 추방 캠페인을 독려하는 정부 공동 광고(1976년 7월 13일, 「동아일보」)

경고했다.

　마찬가지로 세 부처에서 공동으로 낸 '부정불량식품 캠페인 3' 편(1977년 7월 12일, 「동아일보」)에서도 처음 광고에서와 똑같은 헤드라인을 쓰고 있다. 정부에서 몇 년에 걸쳐 집중적으로 부정불량식품 퇴치 캠페인을 벌였음을 확인하게 하는 대목이다. 첫 번째 광고와 거의 유사한 내용과 구조를 유지하면서 보디 카피 내용을 약간만 수정했을 뿐이다. 마무리 카피 부분에서 "아직도 우리 사회에 유해 식품이 유통된다는 것은 문화 국민의 수치"라고 지적하며 "국민이 무슨 식품이나 안심하고 먹을 수 있는 사회 바탕이 이룩될 때까지" 정부의 모든 노력을 경주하겠다고 밝혔다. 정부가 1970년대에 벌써 일회성 광고가 아닌 장기적인 캠페인을 전개했다는 점이 놀라운데, 더 놀라운 것은 장기 캠페인성 광고에서 고려해야 할 메시지의 반복가능성(repeatability)에 유념해 메시

부정불량식품 캠페인 광고 세 번째 편(1977년 7월 12일, 「동아일보」)

지의 큰 틀은 유지하되 내용의 일부만 슬쩍슬쩍 바꾸었다는 사실이다.

1970년대 광고에서 벌써 '아직도' 유해식품이 유통된다는 것은 문화 국민의 수치라고 했는데, 40여 년이 지난 '지금도' 유해식품이 버젓이 활개치고 있으니 우리에게는 느껴야 할 수치심이 바닥나지 않고 얼마나 남아 있을까? 부정불량식품을 관리 감독해야 할 정부기관에서는 원재료에도 유통기한을 명시하는 방안을 모색해야 한다. 또한, 차제에 부정불량식품 추방을 위한 장기 캠페인을 전개했으면 싶다. 식품안전 문제는 100년 동안 계속해도 모자라지 않을 정책PR 캠페인의 훌륭한 주제이기 때문이다.

인구주택총조사와 한국 사회의 민낯

인구주택총조사는 한 나라의 인구통계적 특성을 보여주는 가장 대표적인 통계 조사다. 총조사란 센서스(census)를 번역한 말인데, 표본조사와 달리 조사 대상이 되는 모집단 전체를 하나하나 조사하는 전수조사(全數調査)를 가리킨다. 인구주택총조사를 안내하는 웹사이트(www.census.go.kr)에 들어가 보면 조사의 목적과 내용을 쉽게 확인할 수 있다. 우리나라에서는 일제강점기였던 1925년에 간이 인구총조사가 처음으로 시작된 이후 1930년, 1935년(간이), 1940년에 정기 조사를 했고, 1944년에는 전시 동원을 위해 임시 인구조사를 실시했다. 1949년 5월 1일, 우리나라에서는 처음으로 제1회 총인구조사가 실시되었다(공보처 포스터 참조). 그렇다면 1970년대 무렵에 실시된 인구와 주택 조사의 면모는 어떠했을까?

경제기획원(현 기획재정부)의 공고 '총인구 및 주택조사' 편 (1970년 9월 22일, 「동아일보」)을 보자. "통계법 제3조 및 동시행령 제2조에 의거"해 총인구 및 주택조사를 실시한다며 조사의 근거를 밝히고 있다. 조사 기준 일시는 지금과 달리 10월 1일이었으며, 준비조사와 실지조사를 거쳐 조사원이 매 가구를 직접 방문해 현장에서 기록하는 방문조사 형식으로 조사를 했다. 인구조사의 범위는 대한민국 영역 내에 상주하는 대한민국 국민과 외국인이었고, 인구조사의 내용은 이름, 성별, 연령, 혼인 상태, 교육 정도, 거주 이동 상태, 학력, 경제활동 상태 같은 17개 항목이었다. 주택조사의 내용은 주택의 규모, 구조, 소유관계, 사용된 자재, 취사 연료, 문화시설 같은 14개 항목이었다. 주택에 사용된 자재나 취사 연료까지 알아보았다는 게 흥미롭다.

인구주택총조사는 1970년대의 기본 골격이 최근까지 유

제1회 총인구조사 실시 포스터

총인구 및 주택조사 실시공고

통계법 제3조 및 동시행령 제2조에 의거 총인구 및 주택조사를 다음과 같이 실시함

1. 조사 기준 일시
   1970년10월1일 0시 현재
2. 조사 일정
   가. 준비조사 9월27일～9월30일까지
   나. 실지조사 10월 1일～10월 9일까지
3. 조사 방법
   조사원이 매가구를 방문하여 조사함
4. 조사 범위
   가. 인구: 대한민국 영역내에 상주하는 대한민국 국민과 외국인
   나. 주택: 대한민국 영역내의 모든 주택
   (단, 다음사항은 제외됨)
   인구: 유엔군, 주한외교관및 그가족
   주택: 국군·유엔군 막사및 외국공관
5. 조사 사항
   가. 인구조사항목: 이름, 성별, 연령, 혼인상태, 교육정도, 거주이동 상태,
   학력, 경제활동상태 등 17개 항목
   나. 주택조사항목: 주택의규모, 구조, 소유관계, 사용권자체, 취사연료, 문
   화시설 등 14개 항목
   위와 같이 공고함
   1970년 9월   일

   부총리 겸 경제기획원장관

경제기획원의 총인구 및 주택조사 공고(1970년 9월 22일, 「동아일보」)

지되어왔다. 전수조사를 하고, 면접원이 가가호호 방문해 직접 확인하는 것이 주요 골자다. 그러다가 2015년 조사에서는 두 가지 주요 골자가 바뀌었다. 정부는 1925년 이후 약 90년간 실시해온 현장조사 중심의 인구주택총조사 방식을 2015년에 공공기관이 제공하는 행정자료를 활용하는 '등록 센서스' 방식으로 바꾸었다. 등록 센서스 방식으로 바꾸면 예산을 1400억 원 정도 절감할 수 있고, 이 방식이 성공적으로 정착되면 그동안 5년 단위로 제공되던 인구 및 주택 통계를 해마다 갱신해서 제공할 수 있다고 한다.

조사 방식의 변화

	2010년	2015년
조사기준	2010. 11. 1	2015. 11. 1
조사방식	현장조사 (전수+표본)	행정자료 + 표본조사
기본항목	전수조사 (100퍼센트)	등록센서스 (현장조사 없음)
심층항목	표본조사 10퍼센트	표본조사 20퍼센트
조사대상	전 국민 100퍼센트	전 국민의 20퍼센트

출처: 기획재정부

등록 센서스 방식은 지난 1981년에 네덜란드에서 처음으로 도입했다. 그 후 핀란드(1990년), 스페인(2001년), 독일(2011년)에서도 이 방식을 써서 조사를 실시해, 타당성과 신뢰성을 인정받았기 때문에 큰 무리는 없을 것이다. 전 국민의 100퍼센트를 조사한 결과와 전 국민의 20퍼센트를 조사한 결과가 오차 범위 내에서 큰 차이가 없다면 당연히 시간과 비용을 절약할 수 있는 표본 조사를 해야 한다. 모집단에서 과학적 표집(sampling) 방법으로 표본(sample)을 추출한다면 충분히 가능한 일이다. 조사연구를 많이 해본 경험자로서 한마디 거들자면, 등록 센서스 방식의 조사에서 신뢰도와 타당도를 결정짓는 핵심 관건은 표본오차와 비표본오차를 얼마나 줄일 수 있느냐에 달려 있다. 인구주택총조사는 통계의 꽃이다. 조사 방식을 바꿔 새롭게 시도하는 앞으로의 조사에서도 급변하는 한국 사회를 시의적절하게 설명해주는 자료들을 얻을 수 있기를 기대한다.

민원행정 제도의 개선과 민원 만족도

해마다 연초가 되면 정부의 중앙부처나 지방자치단체들은 민원 제도를 개선하겠다는 의지를 여러 형태로 천명한다. 민원 제도 개선을 위한 워크숍 실시, 민원 제도 개선 과제의 발굴, 민원혁신추진단의 설치, 복합 인허가 민원의 원스톱 처리 등 그 이름도 다채롭다.

행정자치부에서도 해마다 민원행정 및 제도개선 추진지

침을 제시하고 있다. 예컨대, 정부에서 제시하는 민원행정 추진 방향은 대략 다음과 같다. 솔선수범하는 정부의 가치를 바탕으로 민원 행정을 추진하고, 국민 편의를 위해 불편사항을 선제적으로 개선하며, 수요자와 현장 중심의 맞춤형 민원 서비스를 제공하고, 법과 원칙을 준수하는 공정하고 신속한 민원 처리를 하겠다는 것이다. 그렇다면 민원행정 제도 개선과 관련해 1980년대의 사정은 어떠했을까?

국무총리 명의로 낸 정부광고 '민원행정 제도 개선' 편 (1980년 10월 18일, 「경향신문」)을 보자. "민원행정 제도의 전반적인 개선에 즈음한 담화문"이라는 헤드라인은 그 무렵 정부광고의 전형적인 스타일이다. 급속한 산업화와 사회 변화에 따라 업무량이 증가하고 내용도 복잡해지고 있는 상황에

민원행정 제도 개선을 천명하는 정부광고(1980년 10월 18일, 「경향신문」)

서 그동안 민원상담실을 운영해왔지만 성과가 부족해 다시 민원행정 제도를 개선하겠다는 것이다.

국민의 참여를 촉구하며 제도 개선의 세 가지 방향을 천명했다. 관계 법령 정비, 각종 행정규제의 기준과 절차 제도화, 기존의 민원상담실 기능 강화 등이다. 이를 위해 전 공무원은 "창의와 근면, 친절과 공정(公正)으로 국가를 위해 헌신하고 국민을 위해 봉사하는 자세로" 임하겠다고 다짐하며 광고 카피를 마무리했다.

국민들의 민원 건수는 해마다 증가하고 있다. 국민의 행정 참여 의식이 높아졌기 때문에 앞으로도 개인 민원이든 집단 민원이든 증가할 수밖에 없다. 조선시대의 신문고(申聞鼓) 제도는 백성들의 억울함을 풀어주기 위한 장치였다는 점에서 민원행정 제도 개선의 씨앗이라 할 수 있다. 조선시대 이전에는 행정권과 사법권이 분리되지 않아 민원에 대한 문제는 고을의 원님이 결정했다.

조선시대에는 신문고 외에도 억울한 일을 당한 사람이 징이나 꽹과리를 쳐서 억울함을 알리는 격쟁(擊錚) 제도도 있었다. 일반 백성들이 합법적으로 국왕에게 직접 민원을 제기하는 제도였다. 조선시대의 신문고 제도는 이제 주민들을 직접 찾아가는 이동 신문고의 형태로 발전했다. 민원행정 제도를 개선하려는 노력은 이처럼 긴 역사를 지니고 있다.

국민권익위원회는 집단민원조정법의 제정을 추진했다. 사회 갈등에 따른 경제적 손실이 급증하는 상황에서 이해관계가 상충하는 민원을 조정하는 문제가 그만큼 중요했기 때문이리라. 불만 요인을 해결하려는 민원들을 통칭해서 말하면 고충 민원이라 할 수 있다. 어떤 민원이든 책임 있고 신속한 민원 처리가 이루어진다면 만족도가 높아질 것이다. 1980년 광고에서도 "국민 속에 바탕을 둔" 민원의 소재 파악을 강조했다. 따라서 민원행정 제도를 개선할 때는 민원의 만족도를 높이는 것이 가장 중요하다는 사실을 잊지 말아야 한다.

법원 사건 기록 양식의 변화와 통합

최근 들어 소송에 사용되는 양식에 많은 변화가 일어나고 있다. 서울가정법원이 2014년 9월부터 이혼소송 소장 양식을 개선한 사례를 보자. 그동안 이혼소송 당사자들은 상대방의 잘못을 많이 적는 게 소송에 유리하다고 판단해서인지 상대방을 비방하고 모독하는 글의 분량이 많았다고 한다.

그런데 기존의 서술형 질문이 "다음 중 이혼 사유를 고르시오"라고 물어보는 객관식 질문으로 바뀐 것이다. 혼외 성

관계, 알코올 중독, 장기간 별거, 폭행 같은 37가지 파탄 사유 중에서 서너 개를 고르게 하는 '선택형 객관식'이다. 이는 이혼 당사자 간의 2차 상처를 예방하고 합리적인 결과를 도출할 수 있는 획기적 발상이다. 이처럼 법원의 소송 양식은 국민들이 편리하게 이용할 수 있는 방향으로 계속 개선돼 왔다.

법원행정처의 광고 '색채 용지' 편(1962년 12월 22일, 「경향신문」)을 보자. "소송기록 색채로 구분된 용지 사용에 대하여 알리는 말씀"이라는 헤드라인 아래 1963년 1월 1일부터 민사소송 및 이에 준하는 기록을 작성할 때 색지(色紙)를 사용하게 된 배경을 설명하고 있다. 먼저 그 이유를 상세히 설명한 다음 장단점을 제시하고, 그다음에 색채 구별 방법을 간단명료하게 나열했으며, 마지막으로 채색 방법을 소개하고 있다.

좀 더 자세히 살펴보자. "서류 작성에 있어 원고 피고 및 법원이 제각기 다른 색채로 된 용지를 사용함으로써 시간과 노력의 낭비를 막을 수 있고 그 사건을 1분이라도 신속하게 처리하여 드리고자" 색지 사용으로 바꾼다고 했다. 원고와 피고 및 법원이 서류를 쉽게 찾아볼 수 있고, 소송 심리의 시간과 노력이 절약되며, 용지 규격의 통일로 간편하고, 용지의 비용은 종전과 다름이 없다며 색지 사용의 네 가지 장점

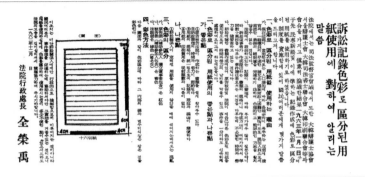

법원행정처의 색채 용지 사용 광고(1962년 12월 22일, 「경향신문」)

을 강조했다. 단점은 소송 관계인이 정해진 용지를 사용하지 않았을 때 혼란을 초래한다는 한 가지만 들었다. 억지로 단점 하나를 만들어낸 듯한 느낌이다.

그리고 원고는 홍색(紅色), 피고는 청색(靑色), 법원은 엷은 녹색(綠色)으로 표지 색채를 구분했다. 사건 기록의 표지는 소송의 기본 사항을 집약시킨 사건의 얼굴과 같다. 표지에 사건 접수일자, 사건의 종류, 사건 번호, 사건명이 나타나 있으니 표지에 사건의 모든 것이 담겨 있는 셈이다. 그동안 사건 기록의 표지도 숱한 변화를 거듭했다. 사건 기록의 표지는 '법원 공문서 규칙'에 따라 1961년에 처음 등장했다. 광고에서 알 수 있듯이 1963년부터는 '민사·행정소송 사건 기록 색채용지 사용 요령'에 따라 용지의 하단과 오른쪽 중앙에 채색을 했다.

서류를 송곳으로 구멍을 뚫어 철끈으로 묶으면 분량 때문에 삐뚤빼뚤해지기 마련이었다. 대법원은 1964년 3월 각급 법원에 사건 기록을 상급심으로 송부하기 전에 반듯하게 정렬해서 보내라는 통첩을 보냄으로써 이른바 '각 잡기'가 유행해 펀치가 보급되기 전까지 계속됐다. 1979년부터는 두꺼운 사건 기록의 마멸을 막고 보존성을 높이기 위해 비닐 표지를 썼으며, 1993년부터는 많은 기록을 보자기에 싸서 법정으로 옮기는 번거로움을 덜기 위해 네 바퀴 달린 큰 수레가 등장했다.

이제는 대법원 홈페이지에 들어가 '양식 모음'을 클릭하면 소송에 필요한 모든 양식을 내려받을 수 있다. 실로 흥미로운 사건 기록의 변천사를 돌아보았는데 앞으로는 어떻게 더 변할 것인가? 이런저런 소송에 필요한 법원 양식이 지금도 100여 가지나 된다고 한다. 이참에 유사한 양식을 통합하고 단순화해 그 가짓수를 대폭 줄이면 어떨까 싶다. 법률 문외한이지만 국민의 한 사람으로서 법원을 향해 그런 기대를 해본다.

공무원연금 개혁과 공무원에게 고함

국회는 2015년 5월 29일, 본회의를 열어 공무원 연금법 개정안을 심의·의결했다. 정부는 퇴직 공무원의 연금을 개혁하는 정책을 오랫동안 추진해왔다. 공무원연금이 개혁되면, 그 후 군인연금과 사학연금 문제도 해결의 실마리를 찾을 수 있다고 한다. 새누리당과 새정치민주연합은 2015년에 14명으로 구성된 '공무원 연금개혁특별위원회'(연금특위)에 법률안 심사권과 의결권을 주기로 했다. 여야는 합의문에서 연금 관련 법률안을 특위 활동 종료 때까지 국회 본회의에서 처리하기로 명시함으로써, 연금 개혁안의 입법화 가능성을 앞당겼다. 그 후 공무원 연금법은 2016년에 일부 개정되었으나 다른 연금은 아직 입법화 단계에 이르지 못했다.

공무원연금 제도가 잉태되던 1960년대로 돌아가보자. 국무위원 11명의 이름으로 낸 정부광고 '공무원 연금' 편(1960년 1월 6일, 「동아일보」)을 보자. 이승만 대통령의 자유당 정권 시절에 나온 광고로, 단기(檀紀) 4293년 1월 5일부터 공무원연금을 도입한다는 내용이다. "공무원에게 고함"이라는 헤드라인은 마치 피히테의 『독일 국민에게 고함』(1807)이라는 책 제목처럼 비장감마저 느껴진다. 이 광고에서는 공무원의 처우 개선을 위해 정부가 어떻게 노력하고 있는지 설명

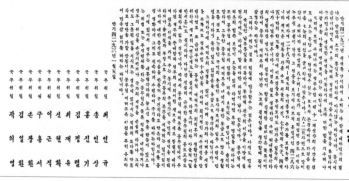

하고 있다. 정부 수립 10주년을 기해 공무원의 획기적인 처우 개선을 단행했지만, "공무원 여러분의 퇴직 후의 생활 안정을 위하여 새로히(새로이) '연금제도'를 실시키로 했으며 이와 아울러 '일반서훈'도 실시하여 다년간 성실히 근무한 공무원의 공로포상도 계획하고" 있음을 밝혔다.

바람직한 공무원의 상(像)을 제시하며 다음과 같이 강조했다. "공무원에게 부하된 책무의 중대함과 정부의 성의어린 새로운 제도 창설에 대하여 깊은 인식을 가져주는 동시에 주권자인 국민의 권익을 침해하거나 불친절과 부정으로 국가 공복의 본분을 저바리는(저버리는) 일이 없이 나라에 대한 충성된 마음을 한층 더 굳건히 하고 맡은 바 직무를 공정 정확하게 그리고 신속하게 수행하여 주기를 바라는 바입니다.” 1960년대에 요구되는 공무원 상이었지만 지금 우리 시대의 공무원 상으로 적용해도 타당한 내용이다.

공무원연금은 공무원 및 그 유족을 위한 종합사회보장 제도로 1960년부터 시행해서 오늘에 이르고 있다. 현행법상 퇴직급여 및 유족급여는 공무원 본인이 납부하는 기여금과 국가 및 지방자치단체가 부담하는 연금 부담금을 재원으로 한다. 해마다 기여금과 연금 부담금으로 해당 연도의 급여비를 충당하지 못할 경우에는 부족한 전액을 정부가 충당해야 한다. 자칫하면 정부의 재정 적자가 누적된다는 점 때문에 공무원연금 개혁 문제가 쟁점으로 떠올랐으리라.

공무원연금 개혁 문제는 오랫동안 갈등을 겪어왔다. 2015년에 의결된 공무원 연금법 개정안에는 매달 내는 보험료인 '기여율'은 2020년까지 월 기준소득액의 7퍼센트에서 9퍼센트로 높이고, 은퇴 후에 받는 연금액을 결정하는 '지급률'은 2035년까지 현재 1.9퍼센트에서 1.7퍼센트로 내리는 내용이 담겼다. 이를 통해 향후 70년간 333조 원을 절감할 수 있다는 것이다. 연금을 지급받는 개시 연령도 연장되었다. 현재 퇴직연금의 지급 개시 연령은 2010년 1월 1일 이후의 공무원 임용자부터 65세지만, 1996년 1월 1일 이후에 임용된 전체 공무원에 대해서도 2022년부터 2033년까지 단계적으로 65세가 되도록 했다. 다만 법 시행 후 5년간 연금액은 동결하도록 했다. 공무원 연금법 개정의 핵심 내용은 기여율은 높이고 지급률은 내렸다는 점이다.

공무원 시험에 합격하기 위해 온 밤을 하얗게 지새우는 대학생이 지금도 많다. 국민의 공복으로서 소임을 다하는 공무원의 자존심을 살리는 동시에 정부의 부담도 줄이는 지혜로운 연금 개혁안으로 가꾸어가기를 기대한다. 정부에서 공무원연금 개혁의 중요성을 환기하면서 1960년대의 광고를 패러디해서 "다시, 공무원에게 고함"이라는 광고를 해보면 어떨까?

건설과 수출

서울지하철 1호선 개통과 대중교통

서울지하철 1호선이 개통된 지 많은 세월이 흘렀다. 그동안 서울지하철은 세계 어느 도시의 지하철과 비교해도 뒤지지 않을 만큼 엄청나게 발전했다. 1974년 8월 15일, 서울지하철 1호선이 개통됨으로써 우리나라는 대중교통의 역사를 다시 쓰게 된다. 1971년 4월 12일 착공해 3년 4개월 만에 완공된 지하철 1호선은 청량리역과 서울역 사이를 운행하며 대중교통의 새로운 시대를 열었다. 정부는 1964년에 수도 서울의 교통난을 해결하기 위해 단기적으로 버스 증차, 중기

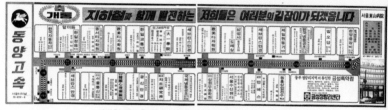

지하철 개통을 알리는 공동 광고(1974년 8월 13일, 「경향신문」)

적으로 전차 철거, 장기적으로 지하철 건설이라는 교통 정책
을 수립했지만 막대한 재원 때문에 실행하지 못하다가 10년
만에 현실화한 것이다. 1974년 8월의 지하철 개통 무렵으로
돌아가보자.

여러 업체의 공동 광고 '길잡이' 편(1974년 8월 13일, 「경향신
문」)을 한번 보자. 광고에 역 표시를 상세히 묘사했는데, 지
금과는 달리 청량리역에서 서울역까지 모두 아홉 역이 있었
음을 알 수 있다. 역 근처에 있는 고속터미널, 병원, 안경점,
자동차학원, 타자학원, 입시학원, 무용학원, 중장비학원, 전
자 대리점 등 소형 광고주들이 공동으로 낸 광고다. 헤드라인
은 "지하철과 함께 발전하는 저희들은 여러분의 길잡이가 되
겠습니다"이다. 신문의 양면 하단에 5단 크기로 낸 광고인데,
지하철의 레일을 길게 이어지게 표현하려면 이런 형식이 제
격이었을 터.

지하철 공사에 직접 참여한 현대건설에서도 광고를 했는

데, '업무 안내' 편(1974년 8월 15일, 「경향신문」)을 보자. "세계로 뻗어가는 현대의 기술진"이라며 헤드라인에서 기술력을 강조했다. 지하철 1호선의 개통을 축하하며 "정부와 국민 여러분의 적극적인 지원에 힘입어 국내 초유인 서울지하철 건설 공사를 완공하게 되었음"을 감사드린다는 내용이다. 종로5가 정류장에서 지하철이 출발하는 장면을 컬러 사진으로 제시하면서 기대감을 한껏 부풀린 시각 메시지가 주목할 만하다. 개통 당시 아홉 역에 운행 구간은 7.8킬로미터밖에 되지 않았지만 당시 기술 수준으로는 획기적인 공사라 이런 광고를 했을 법도 하다.

지하철 개통 초기 신문 사회면의 한 장면을 보자. 승차한 시민들이 열차 내에서 둘러앉아 김밥을 먹었다거나 종착역

현대건설의 지하철 완공 축하 광고(1974년 8월 15일, 「경향신문」)

인데도 내릴 생각을 안 하고 다시 타고 되돌아오려는 사람들도 있었다. 초기에는 에드먼드슨식 승차권을 썼는데 매표창구에서 목적지를 말하면 해당일과 요금이 찍힌 승차권을 내줬다. 에드먼드슨 승차권이란 1840년대에 영국의 토머스 에드먼드슨(Thomas Edmondson: 1792~1851)이 발명한 철도승차권 발권 시스템을 말한다.

이 승차권은 카본지 재질로 만든 두툼한 승차권으로, 마그네틱 승차권으로 용지가 개편되기 전에 널리 사용되었다. 개찰구에서 역무원이 서서 가위로 승차권 모서리에 구멍을 뚫어 승차 표시를 해주었다. 전자 승차권이 없던 그 시절에는 매표창구에서 수십 명이 줄을 늘어서서 표를 사는 광경을 자주 볼 수 있었다. 신용카드가 들어 있는 지갑이나 스마트폰을 쓱 긋고 지나가는 요즘의 편리함에 비춰볼 때 달라도 너무 달라진 풍경이다.

이제 서울지하철은 9호선까지 개통되어 수도권의 모든 지역에 사통팔달 연결되는 핵심 교통수단이 되었다. 이용객이 많아지고 그에 따라 혼잡률도 더해져 서울 지하철 1호선이 한때 지옥철이라는 별명을 얻기도 했다. 그런 별명을 얻은 이면에는 무임승차하는 사람들이 많았던 탓도 있다. 무임승차는 서울메트로의 적자에도 적잖은 영향을 미쳤는데, 1974년의 광고 헤드라인처럼 "지하철과 함께 발전하는" 성숙한 시민의식이 정말로 필요한 때다.

경부고속도로 개통과 1일 생활권화

잠시 머리도 식힐 겸 다음 퀴즈 문제를 풀어보자.

경부고속도로는 "(중략) 온 국민의 일치단결된 열과 정성으
로 완성되는 조국①□□□의 지름길이다. 총 연장 ②□□□
KM의 이 고속도로가 준공되면 ③□□와 ④□□의 격차를 완
화하고 전국을 ⑤□□□□□□으로 묶어 국민 경제성장에 크게
이바지할 것이다. 이는 순전히 우리의 ⑥□□과 재력으로 세계
에서 가장 값싼 ⑦□□□□를 들여 가장 ⑧□□ 기간에 완성되
는 단일 구간 노선으로서는 동양에서 ⑨□□ □□ 또한 ⑩□
□한 고속도로이다."

건설부(현 국토교통부)에서 경부고속도로의 준공을 경축하
는 취지로 냈던 '현상공모'(1970년 7월 7일, 「경향신문」) 내용이
다. 광고에서는 "서울·부산 간 고속도로 준공 현상 퀴즈 모
집기간 연장 및 문예작품 당선작 발표일 연기"라는 헤드라
인을 써서 위와 같은 퀴즈 문제를 냈다. 관제엽서에 정답을

한글과 아라비아 숫자로만 써서 회답하라고 했다. 시상은 1등에 코티나 자동차 한 대, 2등에 퍼브리카(public car) 한 대, 3등에 금성 텔레비전 한 대, 4등과 5등에 중소형 라디오가 각각 한 대씩이었다.

같은 날 「경향신문」은 고속도로 개통을 경축하는 '대 퀴즈·쇼'를 1면에 사고(社告)로 내기도 했다. 애독자 3,000명에게 선물을 준다면서, 특등에게는 코로나 70 모델 자동차 한

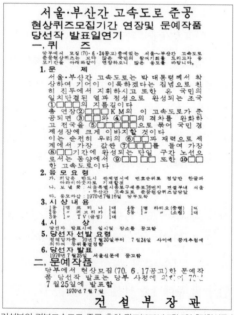

건설부의 경부고속도로 준공 축하 광고(1970년 7월 7일, 「경향신문」)

대를 경품으로 내걸 만큼 파격적이었다. 이밖에도 고속도로 건설에 참여한 기업들을 중심으로 축하 광고도 했다. 건설부 (현 국토교통부)를 필두로 해서 여러 건설 회사가 참여한 연합 광고 '뻗어가는 국력' 편(1970년 7월 7일, 「경향신문」)이 대표적 이다. 인터체인지에서 힘차게 뻗어나가는 고속도로 전경을 보여주며 "뻗어가는 국력을 상징하며 조국의 중심부를 힘차 게 달린다"는 헤드라인을 붙였다. 신문 한 면을 통째 이용해

건설부와 건설 회사들의 연합 광고(1970년 7월 7일, 「경향신문」)

게재된 이 광고는 크기 면에서나 일발필도(一發必倒)의 카피 면에서나 1970년 당시에 대단한 파워를 지녔으리라.

경부고속도로는 제2차 경제개발5개년계획 기간인 1968년 2월 1일에 착공해 1970년 7월 7일에 완공되었다. 1971년 8월 31일에 노선 이름이 서울-부산 간 고속도로로 지정되었고, 1968년 개통된 경인고속도로에 이어 우리나라에서 두 번째로 건설된 고속도로다. 총건설비는 당시 기준으로 421억 100만 원에 달했다고 한다. 전국을 종단하는 고속도로가 개통되어 산업 생산성을 높이게 됨으로써, 우리나라는 후진국에서 벗어날 수 있는 발판을 마련했던 셈이다. 그로부터 약 반세기를 앞두고 있는 시점에 수도권과 세종시를 잇는 총연장 129킬로미터의 제2 경부고속도로 건설 사업도 추진되고 있다.

경부고속도로는 전국을 1일 생활권으로 만드는 데 결정적으로 기여했다. 경부고속도로가 완전 개통되던 날의 감격을 상상하며, 앞에서 나온 퀴즈 문제의 정답을 확인해보자. 정답은 다음과 같다. ① 근대화 ② 428 ③ 도시 ④ 농촌 ⑤ 일일생활권, ⑥ 기술 ⑦ 공사비 ⑧ 짧은 ⑨ 제일 길고 ⑩ 튼튼. 독자 여러분! 한 문제당 10점씩 계산해서 몇 점이나 받으셨나요?

농어촌 전화와 한미 1시간 내 통화

우리나라가 정보통신 강국이라고 한다. 정보통신의 선배 격인 체신이 대중화된 지 불과 50여 년 만에 이룩해낸 우리 나라의 놀라운 성과다. 정보란 어떤 자료나 소식을 통하여 얻는 지식이나 상태의 총량이며, 통신은 우편과 전신 및 전화를 이용해 정보나 의사를 전달하는 것이다. 정보와 통신이라는 용어는 처음에 각각 별개의 개념으로 사용돼왔다. 그러다 사회경제적 활동이 신속화, 복잡화, 광역화됨으로써 두 개념의 통합이 필요하게 되었고, 그 결과 '정보통신'이라는 용어가 일반화됐다.

그 두 가지에 기술을 더해 이제 정보통신 기술(ICT)이란 말을 입에 달고 사는 시대가 됐다. 불과 한두 세대를 거치며 이렇게 달라졌다면 믿을 수 있을까? 체신부(우정사업본부, 정보통신부, 방송통신위원회 등으로 개편)는 신문의 맨 뒷면에 'PR 페이지'라는 제목을 달아 기사형 전면 광고를 냈다. '체신의 해' 편(1969년 4월 11일, 「경향신문」)에서는 "빠르고 바른 체신의 해"라는 헤드라인 아래 다가올 정보통신 환경의 청사진을 생생한 사례를 들어 제시했다.

장관 사진 밑에 "장관 통솔방침"을 "경영의 합리화, 친절 봉사, 기강 확립"이라며 세 가지로 천명했다. 요소요소에 사진을 적절히 배치해 체신의 해 선정의 근거를 제시한 점도 광고의 정교함을 돋보이게 한다. 중앙에 배치한 "신축 공사에 급피치를 올리고 있는 광화문우체국" 사진, 오른쪽 하단에 "올해 안에 5만 6천 7백 회선의 전화가 늘어나는 데 따른 지하 케이블 공사가 한창이다"라며 보여준 지하 케이블 공사 현장 사진, 그 밑에 "통신의 '하이·웨이'인 '마이크로·웨

체신의 해를 알리는 체신부의 기사형 전면 광고(1969년 4월 11일, 「경향신문」)

이브' 중계소가 경남 양산에 자리 잡고 있다"며 보여준 중계소 사진도 눈길을 끈다.

지면 왼쪽에는 "우편배달도 기동화, '스쿠터'는 전보 배달원의 발이 되고 있다"며 스쿠터를 타고 가는 집배원의 사진을 배치했고, 그 아래에 "한·일 간의 새로운 통신시설인 울산스캐터통신중계소, 이 중계소를 통해 서울-동경 간의 새 통신 간선(幹線)이 이루어졌다"며 대형 접시 안테나의 위용을 보여주었다. 간선이란 도시와 도시를 연결하는 주요 전신 전화선이며, 스캐터 통신이란 바다를 향해 전파를 발사하는 근대적 국제 통화 방식이다.[13]

정부는 1968년 6월에 일본 하마다와 가장 가까운 270킬로미터 지점인 울산시 무룡산에 이 안테나를 설치했다. 이 안테나는 1970년대의 인기 스포츠였던 한·일 프로레슬링 중계에서 제몫을 톡톡히 했다. 이것이 없었다면 김일 선수와 안토니오 이노키의 대결 같은 프로레슬링 경기를 생중계로 볼 수 없었으리라.

중간 큰 제목만 봐도 날로 늘어나는 통신 수요를 짐작할 수 있다. "시설 늘여(늘려) 공신력을 높혀(높여) 서비스 개선 중점" "전국에 텔레비전 방영. 농·어촌에도 전화" "한·미 간 1시간 내 통화, 해안 등에 무전시설 완비" "이젠 우주통신권 시대로" 등이 그 예다. 작은 제목은 "서울·지방 막론 전화

증설" "마이크로·웨이브 8백 회선" "우표 다색쇄(多色刷) 운송도 개선" "체신저축 향상, 수표(手票) 제로" 등으로 다양하다. 전국에 텔레비전을 방영한다거나 한·미 간에 한 시간 내에 통화가 가능하다고 하는 제목을 지금 시점에서 보면 마치 한 편의 동화를 읽는 것 같아 잠시 아득해진다.

정보통신 기술의 융합 시대에 앞으로 ICT가 얼마나 더 발전할 것인가? 발전은 좋은 일이지만 동화 같은 이야기는 잃어버리지 말았으면 싶다. 정보통신이 어디까지 발전해야 제대로 발전한 것일까? 이제 이런 질문을 본격적인 화두로 삼을 때도 됐다.

개발과 더불어 오늘도 한강은 흐른다

6월 18일은 건설의 날이다. 건설인의 사기를 높이고 건설 산업 발전을 촉진하기 위해 1980년에 제정한 기념일이다. 이 날이 되면 정부는 공로가 있는 건설인에게 정부 포상을 실시하고, 대한건설단체총연합회는 다양한 기념 행사를 주관할 것이다. 정부는 1960년대 후반부터 꾸준히 국토건설 사업을 추진했다. 환경보호와 개발 논리 사이에서 숱한 갈등이 있었지만, 건설 산업은 그동안 경제성장의 견인차 역할을

해왔다고 할 수 있다. 난개발이나 환경파괴 같은 부작용이나 역기능도 물론 있었지만.

우리 최근세사에서 아마도 가장 주목할 만한 건설 사업의 하나는 여의도(汝矣島) 개발 사업일 터다. 여의도의 한자 뜻을 풀이하면 '너의 섬'이다. 버려진 모래섬으로 사람이 살기에 아무짝에도 쓸모가 없으니 '너나 가져라'라는 뜻에서 그런 이름이 생겼다는 설이 있다. 그런 여의도가 40여 년이 지나 우리나라의 중심지로 발돋움했으니, 모름지기 상전벽해의 경지다.

서울특별시의 광고 '한강 건설' 편(1968년 3월 30일, 「경향신문」)을 보자. "한강 건설 사업 계획"이라는 헤드라인에 이어 "(한강 개발에 즈음하여) 시민에게 드리는 인사 말씀"이라는 서브 헤드라인이 붙어 있다. 광고 헤드라인에 사업 계획이라니? 본문은 이렇게 이어진다. "새 시대가 준 새로운 사명을 위하여 우리는 번영의 입구"에 섰다고 전제하며, 번영으로 나아갈 길은 "조국을 위해 노력하는 우리의 숭고한 땀방울에 의하여 보다 광활하게 열릴 것"으로 믿는다고 했다. 한강의 건설은 "서울 시민의 보람이자 또 지상과제"이기 때문에 "노도처럼 범람했던 강물을 정복하여 서울이 커 나가는 젖줄로 만들고 버려진 유역을 건설하여 새로운 생활의 터전을 이룩하려는" 노력이 열매 맺을 수 있도록 모두 땀을 흘리자 서울시의 여의도 개발 광고(1968년 3월 30일, 「경향신문」)

는 것이다.

건설 계획의 목표는 세 가지로 정리했다. 한강을 이용해 도시 및 산업 개발을 촉진하고, 한강을 도시의 중심 생활권으로 들어오게 하며, 한강을 최대한 이용하고 지배한다는 것이다. "한강을 지배(支配)한다"는 표현이 퍽 낯설지만 한강 개발의 의지가 그만큼 강했다는 근거이리라. 왼쪽 하단에 그림으로 제시된 종합도에서 개발되기 이전의 한강의 자취를 찾을 수 있다. 여의도 이상 도시 건설, 한강 양쪽에 강변 도시 건설, 강변 서안(西岸) 고속 유료도로 건설, 제1 중지도 유원지 건설, 제2 중지도 유원지 건설, 서울대교, 서울교 및 영등포 입체교차로 건설, 강변 1로에서 9로까지의 도로 건설, 아파트 건설, 여의도 윤중제(輪中堤) 공사 같은 건설 내용이

깨알같이 소개되어 있다.

여의도를 이상(理想) 도시로! 아마도 당시의 서울시 공무원들은 우리나라 도시의 이상향을 만들고 싶어 했던 것 같다. 하구에서 80킬로미터 지점에 홍수 때의 안전까지 고려한 여의도 건설은 4년여의 공사 기간을 거쳐 완공되었다. 국회의사당을 비롯해 이제는 서울국제금융센터(IFC 서울)까지 들어서 우리나라 금융의 중심지가 되었다. IFC 지하에는 어마어마한 규모의 쇼핑몰이 자리 잡고 있어, 마치 외국의 어떤 도시에 와 있는 것처럼 착각할 지경이다. 1968년 광고의 마무리 카피에서 한강 건설을 가리켜 "한강변에 이룩될 위대한 민족의 힘의 결정(結晶)"이라고 했는데, 40여 년 만에 그 기대와 바람이 이루어진 것은 아닐까. 그런 속사정을 아는지 모르는지 오늘도 한강은 유유히 흐른다.

수출의 노래 가사 콘테스트를 다시 한 번

2015년 이후 세계경제는 L자형의 저성장 기조가 계속될 것이라는 전망이 많았다. 선진국의 경기 회복이 더디게 진행되고, 브릭스(BRIC'S) 같은 나라에서도 저성장세가 지속되었다. 글로벌 시대에는 어느 한 나라의 경제위기가 자국에만

대한무역진흥공사의 「수출의 노래」 현상 모집 광고(1964년 9월 1일, 「한국일보」)

그치지 않고 도미노처럼 맞물려 여러 나라에 영향을 미친다. 우리나라 경제문제와도 직결될 수밖에 없다. 1960년대 초반에 우리나라의 무역이나 수출을 주관하는 단체들이 출범해 대강 반세기의 역사를 넘어서고 있다.

대한무역진흥공사(현 대한무역투자진흥공사, KOTRA)의 광고 '수출의 노래' 편(1964년 9월 1일, 「한국일보」)을 보자. 비주얼 없이 "수출의 노래 가사 콘테스트"라는 헤드라인 등 모든 메시지를 카피로만 구성했다. "수출 실적 1억 불을 돌파하는 날을 수출의 날로 기념하고 이를 계기로 수출 증진 사상을 전 국민에게 고취하기" 위해 수출의 날 가사를 현상 모집하니 적극 응모하라는 내용이다.

주문한 가사의 내용은 이렇다. 첫째, 수출 진흥의 무드를 일반 대중이 노래를 통하여 조성 실감케 하고, 둘째, 경쾌하고 진취적이어서 일반에 '어필'할 수 있는 내용이어야 하며, 셋째, 가급적 일절(一節)로 작사하라는 것이었다. 저 1960년 대에 '무드'나 '어필' 같은 영어를 썼다는 점에서 이 광고 카피는 당시에 영어 좀 하는 어떤 직원이 썼으리라. 특히 수출 증진을 '사상'이라고까지 강조한 데서 지나친 계몽성을 엿볼 수 있다.

"수출의 노래 가사 콘테스트 심사 발표"(1964년 10월 8일, 「경향신문」)는 어찌된 영문인지 예고일보다 하루 늦었다. 당선작 없이 가작(김대식 씨)만 선정했는데 가사 내용은 다음과 같다.

지혜와 땀방울 함께 쏟아서
모두가 뛰어난 우리 제품들
만들자, 보내자, 벌어들이자
번영에의 외길은 수출뿐이다.
(후렴) 일터마다 거리마다 넘치는 활기
　　　늘어가는 수출에 커가는 나라.

이 정도의 가사라면 당선작으로 선정할 수도 있었으련만

심사위원들은 더 계몽적인 내용을 기대했거나, 수출의 의지를 더욱 고취시켜야 한다고 판단했을 수 있다. '번영에의 외길은 수출'이라거나 '늘어가는 수출에 커가는 나라'라는 대목에서, 수출을 전 국민의 의식화 운동으로 전개하려 했다는 흔적도 엿볼 수 있다. 놀랍게도 입선자에게 마치 검찰에 출두하라는 듯이 "10월 12일 오전 10시까지 당 공사 선전과로 출두(出頭)"하라고 공지했다. 이런 표현을 보면 그 무렵엔 관(官)이 위고 민(民)이 아래였다는 정황을 확인할 수 있다.

　제1차 경제개발 5개년 계획에 뿌리를 박고 지금까지 달

수출의 노래 가사 심사 발표 광고(1964년 10월 8일, 「경향신문」)

려온 코트라(KOTRA)는 최근 우리 기업의 글로벌 비즈니스 플랫폼이 되겠다고 선언했다. 처음 수출의 노래 가사 공모 50주년을 맞이해 '수출의 노래 가사 콘테스트'를 다시 해보면 어떨까. 계몽성을 철저히 배제하고 말이다. 재미있지 않을까?

경제 영토 넓혀가는 수출 행진곡을 불러보자

세계 각국이 저성장과 저물가로 어려움을 겪는 상황에서도 우리나라는 2014년 사상 최대의 무역흑자를 냈고, 5년 연속 수출 실적 세계 7위라는 놀라운 성과를 달성했다. 여러 경제 예측 자료를 보면 2017년 이후에도 경제 상황이 특별히 좋아지지는 않을 것 같다. 미국의 경기회복이 예상되는 건 좋은 일이지만, 유럽연합(EU)이나 신흥국들의 경기침체가 계속됨으로써 우리 경제에도 부정적인 영향을 미칠 수 있다는 것이다.

우리나라는 2014년까지 세계 52개 나라와 자유무역협정(FTA)을 체결함으로써 75조 달러에 달하는 세계의 경제 영토와 거래를 틀 수 있게 되었다. 1960~1970년대에 수출 진흥의 기틀을 마련한 정부와 국민의 노력이 있었기에 오늘에 이르러 이런 성과를 낼 수 있었다.

한국무역협회의 광고 '수출 행진곡' 편(1970년 2월 26일, 「동아일보」)을 보자. "수출 행진곡 가사 현상 공모 입선자 발표"라는 굵직한 헤드라인 아래, 10억 달러의 수출 목표를 달성하기 위한 범국민 캠페인의 일환으로 현상 공모를 진행했다는 배경을 밝히고 있다.

이 공모에선 1,052편의 응모작 중에서 당선작 한 편과 가작 두 편이 선정됐다. 요즘에도 정부나 민간 차원에서 여러 가지 형태로 공모를 실시하지만 응모 편수가 500편을 넘어가면 성공이라 할 정도로 응모작이 줄고 있다. 따라서 지금에 비할 수 없을 정도로 뜨거운 호응을 얻은 현상 공모였다는 평가가 가능하다.

당선작의 가사 내용은 다음과 같다.

한국무역협회의 수출 행진곡 현상 공모 광고
(1970년 2월 26일, 「동아일보」)

눈부신 조국건설 태양도 밝다

나가자 우리들도 수출전선에

줄기찬 의욕으로 수출 늘려서

웃으며 복된 살림 함께 이루자

(후렴) 수출은 우리 살길 비약의 발판

　　　오대양 육대주로 뻗어나가자

어디서 많이 들어본 것 같은 형식 아닌가?

겨레여 우리에겐 조국이 있다

내 사랑 바칠 곳은 오직 여기뿐

심장의 더운 피가 식을 때까지

즐거이 이 강산을 노래 부르자

　글자 수 하나 다르지 않고 완전히 똑같다. 4음보의 정형률을 즐겨 쓴 노산 이은상의 현대시조(時調)와 애국시를 그대로 따르고 있다. 간결하면서도 절실한 어조, 그리고 자못 비장감마저 느껴지는 이은상 스타일이 수출 진흥을 위한 국민 계몽의 운율 형식에 적합했으리라.

　당시의 언론에서도 수출의 중요성을 강조하는 기사를 자주 썼다. "수출 목표액 달성한 해외 3공관을 표창"(1965년 9월

14일, 「경향신문」), "상반기 수출 유공자 표창"(1970년 9월 2일, 「매일경제신문」)처럼 정부 주도의 수출 진흥을 언론에서도 적극 지지해왔다.

산업통상자원부와 중소기업청은 2015년도 내수기업의 수출기업화 지원 사업을 추진한 바 있었다(산업통상자원부 공고 제2014-650호). 내수시장에 머물러 있으나 해외시장 진출을 희망하는 중소·중견 기업에 기업별로 맞춤형 지원을 함으로써 수출 기업으로의 전환을 촉진하겠다는 뜻이다. 약 900개 사를 선정해 지원한다고 하는데, 진정한 의미에서의 맞춤형 지원이 가능하려면 중소·중견 기업의 속사정을 훤히 들여다보고 타당한 방향으로 이끌어주는 전문가들의 일대일 자문이 무엇보다 중요하다.

우리나라 중소·중견 기업의 수출 증가율이 어느덧 대기업을 넘어서는 경우도 나타나고 있다. 그렇게 된 주요 요인은 수출 상품의 영역이 변화했기 때문이다. 기존의 제조업 위주에서 벗어나 문화 콘텐츠나 서비스로 분야를 확대한 전략이 주효했던 것 같다. 수출이란 경제 영토를 확장할 수 있는 소리 없는 전쟁과 같다. 수출을 늘려 제2의 무역 입국을 달성함으로써 우리의 경제 영토를 세계 속으로 넓혀나가는 원대한 꿈을 실현해가야 한다.

국민과 의무

주민등록증 발급과 사회 안전 강화

2010년 이후 아기 주민등록증 선물이 꾸준히 인기를 얻고 있다. 지방자치단체의 일부 구청에서 신생아들을 위해 발급하는 아기 주민등록증이 주민들로부터 호의적인 반응을 얻고 있는 것이다.[14] 법적인 증명 효력은 없을지라도 소중한 아기의 탄생을 축하하고 출산한 부모의 기쁨을 더한다는 점에서, 아기 주민등록증은 아기가 성장한 후에 자신의 요람기를 추억할 수 있는 의미심장한 선물이 될 것이다. 아기 주민등록증의 앞면에는 이름, 생년월일, 주소, 사진을 넣을 수 있

고, 뒷면에는 부모 이름, 태명, 태시, 혈액형, 연락처를 기록
할 수 있다.

1962년 5월 10일, 주민등록법을 시행함으로써 만 18세 이
상의 우리나라 국민이라면 누구나 주민등록증을 발급받게
되었다. 그렇지만 초기에는 주민등록증 발급이 의무 사항이
아니었다. 1968년 5월부터 새로운 주민등록법이 시행됨에
따라 열두 자리의 주민등록번호가 만들어졌고 전국에 확대
실시되었다.

내무부(현 안전행정부)의 담화문을 광고로 낸 '주민등록증
발급' 편(1969년 2월 19일, 「동아일보」)을 보자. "주민등록증 발

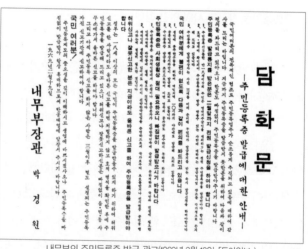

내무부의 주민등록증 발급 광고(1969년 2월 19일, 「동아일보」)

급에 대한 안내"라는 제목으로 국민들의 전폭적인 협조로 주민등록 업무가 순조롭게 진행되어왔음을 밝히고 있다. 보디 카피는 아직 주민등록증을 발급받지 않았다면 한 사람도 빠짐없이 주민등록증을 발급받으라고 촉구하는 내용으로 빼곡하다. 국민의 불편을 최소화하기 위한 대책도 내놓았다. 매일 저녁 10시까지 야간에도 발급하고, 공휴일에도 평상시와 같이 주민등록증을 발급하고, 주민등록증 발급을 조건으로 어떤 명목의 공과금도 받지 못하게 했다는 것이다.

담화문에서 더 나아가 "사회 생활상 절대 필요한" 주민등록증의 용도를 두 가지로 제시했다. 여기에서 주민등록증을 도입한 핵심적인 목적을 엿볼 수 있으리라. 주민등록증은 "국가적인 면에서 간첩이나 불순분자가 선량한 국민 속에 숨어 살지 못하게 하고 국방과 건설에 필요한 인적 자원의 파악"에 절대 필요한 것이라고 했다. 또한, "개개인의 생활 면에 있어서도 자신이 선량한 국민임을 증명하므로써 국가로부터 보호를 받거나 선거권 등 공권을 행사하는 데" 절실히 필요하다는 것이다.

더욱이 보디 카피의 마지막 문장은 "주민등록증을 빠짐없이 발급 받아 항상 휴대하므로써 반공대열에 앞장서 주시기 바랍니다"이다. 이쯤에 이르러 우리는 주민등록증을 도입한 진짜 목적이 반공 의식의 고취에 있었다는 점을 확인할 수 있다. 자신이 간첩이 아닌 선량한 국민임을 증명하기 위한 신분증이었던 셈이다.

정책의 목적, 정책의 내용, 기대 효과를 일목요연하게 정리해 제시하지 않고 이것저것 뒤섞여 있어 다소 혼란스러운 정책 광고다. 정말로 중요한 주민등록 정책을 체계적으로 정리하지 않은 채 내무부 장관의 이름으로 나갈 수 있었는지 의문이다. 우리나라의 제1호 주민등록증은 1968년 11월 21일 발급된 박정희 전 대통령의 주민등록증이다. 당시는 열세 자리를 쓰는 지금과 달리 열두 자리 주민번호가 이용됐다. 조선시대의 호패(號牌)는 주민등록증의 원조 격이었고, 6·25 전쟁 직후의 시민증이나 도민증은 주민등록증의 전신이었다.

반공 의식을 고취하기 위해 도입된 주민등록증이 이제 신생아에게 주는 선물 대접을 받게 되다니 놀라울 따름이다. 주민등록증이 기왕 대접을 받고 있지만 한편으로 사회적 안전 문제가 갈수록 중요해지는 상황에서, 우리의 주민등록번호가 더 무게감을 가졌으면 좋겠다. 단순한 '등록'의 의미를 넘어 미국의 사회안전번호(Social Security Number)처럼 '안전'의 기능을 강화한 번호가 되었으면 싶다.

올바른 부과와 기꺼운 납세 의무

해마다 1월이 되면 직장인들은 연말정산을 하느라 분주한 시간을 보냈다. 하지만 이제는 국세청 연말정산 간소화 서비스 홈페이지(www.yesone.go.kr)에서 지난해 소득분 연말정산 자료를 조회하고 출력할 수 있게 되었다. 영수증을 비롯한 입증 자료를 챙기느라 그동안에는 좀 번잡할 수밖에 없었다. 이제 연말정산 간소화 서비스가 개시되었으니 근로소득을 정리하려면 컴퓨터 앞에 앉아 편리하게 연말정산 서류를 챙기면 된다. 보험료, 의료비, 교육비, 주택자금, 주택마련저축, 기부금, 연금저축, 개인연금저축, 퇴직연금, 소기업·소상공인 공제부금, 신용카드, 목돈 안 드는 전세자금 등 열두 가지 소득공제 항목에 관한 자료를 제공한다고 한다.

기실 국세청은 '참다운 봉사'라는 이름으로 1970년대부터 서비스 마인드를 가지고 있었다. 국세청의 광고 '밝은 세정' 편(1971년 1월 12일, 「경향신문」)은 국민들에게 '밝은 세정' 아이디어를 공모하겠다는 내용이다. 지면의 왼쪽에는 "세금은 우리들 자신을 위하여 쓰여지고 있습니다"라며 세금의 용도를 밝히고, "밝은 세정을 위하여 다함께 노력"하자며 국민의 적극적인 참여를 권고하고 있다. 특히 1971년을 '밝은 세정'을 국세행정의 지표로 삼고 '올바르게 부과'하고 '참다운 봉사'를 다하겠다며, 납세자의 '기꺼운 납세'로 보다 밝은 세정을 이룩하는 데 적극 참여해 달라고 했다.

지면 오른쪽에는 표어 및 포스터의 아이디어 공모 내용을 알리고 있다. 응모자들에게 주문한 내용은 이렇다. 밝은 세정의 이념을 구현할 수 있는 '올바른 부과, 참다운 봉사, 기꺼운 납세'의 내용을 표시하고, 중단 없는 전진을 위해 납세의 중요성을 강조하고, 세금이 국력의 원동력이고 경제건설의 기본임을 나타낼 수 있는 내용이어야 한다는 것이다. 그리고 표어의 글자 수는 열여섯 자 내외로 제한했다. 이른바 메시지 작성의 기본 원칙을 제시한 셈이다.

여기에서 우리는 당시 국세청 관계자들이 견지한 국세에 대한 기본 인식을 고스란히 엿볼 수 있다. 이 광고에 나타난 국세청의 정책 방향은 올바른 부과, 참다운 봉사, 기꺼운 납세라는 세 가지로 요약된다. 40여 년이 지난 지금 시점에서 적용해봐도 국세청의 기관 철학을 나타내기에 전혀 손색이 없다. 현재 국세청이 내세우고 있는 "국민이 신뢰하는 공정한 세정"이라는 슬로건도 40여 년 전의 정책 방향과 궤를 같이하고 있다.

그렇지만 세금이나 국세청에 대한 인식은 개개인이 처한 위치에 따라 천차만별일 터다. 세금이 올바르게 부과되었는지, 국세청 직원들이 참다운 봉사를 하고 있는지, 국민들은

「밝은 세정」의 구현을 위한 참신한 「아이디어」를 찾습니다

국세청의 밝은 세정 아이디어 공모 광고(1971년 1월 12일, 「경향신문」)

개인의 기대치에 따라 여러 가지 스펙트럼으로 평가할 것이다. 국민들 역시 세금 납부를 국민의 4대 의무로 생각하고 '기꺼이' 세금을 내는 분들도 많지만, 여전히 세금 내기를 회피하며 꼼수를 부리는 분들도 있다.

국세청의 연말정산 간소화 서비스는 분명 근로소득이 있는 사람들이 편리하게 세금 관련 서류를 준비하도록 배려한 '참다운 봉사' 서비스다. 국민들도 과다 공제를 받으려고 이렇게 저렇게 머리를 굴리며 노력하기보다 실제로 소득공제가 되는 항목에 대해서만 '기꺼이' 신고하는 마음을 가져야겠다.

종합소득세는 문명사회의 대가다

매년 5월이 되면 종합소득세를 신고해야 하는 계절이구나 떠올리게 된다. 많은 사람이 전자신고를 하려고 국세청 홈택스(www.hometax.go.kr)에 들어가거나 주소지의 관할 세무서에 확정 신고서를 제출할 것이다. 국세청 홈페이지에 들어가보면 종합소득세는 개인이 지난 1년간의 경제 활동으로 얻은 소득에 대해 납부하는 세금으로 모든 과세 대상 소득을 합산하여 계산하고, 다음해 5월 1일부터 5월 31일까지 주소지 관할 세무서에 신고·납부해야 한다고 되어 있다. 즉, 종합소득세란 개인에게 귀속되는 각종 소득을 종합해 과세하는 소득세의 일종이다.

소득세는 1789년에 영국에서 나폴레옹 전쟁의 비용을 조달하기 위해 임시세로 등장했다가 1907년부터 제도화되었다. 우리나라에서는 일제강점기인 1936년에 처음 도입되어 분류소득세를 적용했다. 해방된 다음부터 일반소득에 대해 종합소득세제가 도입되어 분류소득세제와 병행 과세하다가 1959년에 종합소득세 제도가 폐지되었다. 그 후 1967년 말에 세제 개혁을 통해 종합소득세 제도가 다시 병행·실시되고, 1975년부터 종합소득세로 일원화되었다고 한다.[15]

국세청의 광고 '소득세 확정신고' 편(1979년 5월 28일, 「동아일보」)을 보자. 이 광고에서는 "78년도 소득세 확정신고 및 자진납부에 대한 안내말씀"이라는 헤드라인을 써서 납세의 의무를 강조하고 있다. 헤드라인을 이어받으며 그동안 성실한 납세로 국가 발전에 이바지한 납세자들께 깊이 감사한다는 인사에 이어, "납세 의무가 있으신 분은 다음 요령에 의하여 빠짐없는 신고와 자진납세"를 해주기를 권고하고 있다. 보디 카피는 열 가지 안내 사항으로 빼곡하다.

즉, 신고 의무자, 신고 의무 없는 자, 자산소득 합산 신고, 신고 및 납부 요령, 신고서의 작성 지도 및 안내, 설명회 활용 안내, 우편 신고제의 이용, 주재원 근무제, 대리 신고제, 무신고시 불이익 등 열 가지 사항을 조목조목 상세히 소개했다. 여덟 번째로 제시된 '주재원 근무제'가 특히 인상적이다. "세무서에서 교통이 불편한 원거리 읍면 지역의 납세자를 위하여 벽지 읍면 사무소에 담당 공무원이 주재하여 소득세 확정 신고 업무를 담당하고 있으니" 관할 세무서장에게 안내문을 받은 사람은 주재원을 통해 신고서를 제출하라고 했다. 인터넷이 없던 당시 형편에서는 마치 언론사의 지방 주재 기자처럼 공무원이 원거리 읍면 지역에 나가 현장에 주재(駐在)할 수밖에 없었으리라. 신고하지 않았을 때는 "불성실 가산세 20퍼센트를 더 부담"해야 한다는 사실을 밝힌 열 번째 강조 사항에서 지금도 적용되고 있는 불성실 신

국세청의 소득세 확정신고 안내 광고(1979년 5월 28일, 「동아일보」)

고에 대한 가산세 20퍼센트의 원천을 엿볼 수 있다.

이 세상에서 가장 중요한 네 가지 금은 황금, 소금, 지금, 세금이라는 우스갯소리가 있다. 국민이라면 누구나 세금을 내야 한다. 그런데도 음성적인 탈루 행위가 여전하고 세금을 내지 않으려고 온갖 꼼수를 부리는 사람들이 종종 뉴스에 등장한다. 영화배우 황정민은 "세금 안 내는 것은 밥 먹고 밥 값을 내지 않는 것과 같다"고 했다. 당연한 말이다. 언론 보도 역시 문제다.

종합소득세 신고를 알리는 언론 보도를 보면 연말에 미처 누리지 못한 세제 혜택을 5월에 추가로 누릴 수 있다거나, '이렇게 하면' 종합소득세를 환급받는다거나 하는 내용이 많다. 초과해 부과된 납세액을 되돌려 받는 것은 당연하지만, 언론 보도에서 종합소득세를 내야 한다는 취지보다 세금 환급에 더 초점을 맞추고 있어 안타깝다. 종합소득세를 신고하면 실제로 대부분이 추가로 납부할 세금이 발생하는 경우가 더 많다. 그런데도 세금 환급에 초점을 맞추고 있으니 현실과도 많이 동떨어져 있다. "세금은 문명사회의 대가를 지불하는 것"이라는 올리버 홈즈의 말마따나 국민의 한 사람인 우리는 문명사회의 대가를 기꺼이 지불해야 하지 않을까?

전기 쓰며 집집마다 하인 열 명씩

해마다 여름이 되면 전력수급 문제 때문에 비상에 돌입할 때가 많다. 블랙아웃(대규모 정전) 사태를 막기 위해 갖가지 대책이 마련되고 있다. 매년 여름의 예비전력도 400만~450만 킬로와트를 유지한다고 하지만 결국 전력을 아끼는 것이 가장 중요하다. 여름철에는 불볕더위와 열대야로 냉방기기나 각종 산업용 전기 사용이 늘어나 전력난이 생길 수밖에 없다.

한국전력공사는 자체 프로그램인 아이스마트(i-smart)로 전력 사용량과 수급을 실시간으로 확인해 전력수급에 안정을 꾀하겠다고 발표했다. 하지만 최대 전력 수요량에 대한 예비 전력의 비율을 의미하는 전력공급 예비율이 늘 문제였

다. 전력수급 경보 2단계인 관심(400만 킬로와트 미만) 단계만
되어도 온 국민이 걱정할 수밖에 없다. 놀랍게도 전력수급
문제는 1960년대부터 지금까지 지속되어온 걱정거리다.

한국전력(현 한국전력공사)의 광고 '윤번제 송전' 편(1967년
9월 1일, 「매일경제신문」)을 보자. "윤번제 송전 제한에 대한 안
내의 말씀"이라는 헤드라인 아래 전기를 아끼자는 내용을
빼곡하게 설명했다. 계속되는 가뭄으로 인해 부득이하게 윤
번제로 송전 제한을 하게 되었다는 사실을 알리고 있다. 국
방, 치안, 통신(언론기관 포함), 교통, 상수도, 종합병원, 농사
용, 제빙, 광산을 제외한 전국의 모든 분야에 윤번제 송전을
실시한다는 것이다. 일주일에 하루를 휴전하거나 업종에 따
라 상시 사용 전력의 15퍼센트를 계속 제한하는 방법을 제
시했다.

광고에서 국민들에게 부탁드리는 말씀은 다음과 같다. "1.
자가 발전기를 보유하는 수용가는 최대한으로 가동하여주
시기 바랍니다. 2. 전열기를 비롯한 선풍기(에이어콘디숀어 포
함) 냉장고 등의 사용을 당분간 삼가해주시기 바랍니다. 3.
정원등 광고등 외등 등 불요불급한 전기 사용을 삼가해주시
기 바랍니다." 이런 식의 부탁 말씀은 그때나 지금이나 거의
똑같아 놀라울 따름이다.

사실 전기를 쓰면서부터 우리 생활이 얼마나 편리해졌나?

한국전력의 윤번제 송전 광고(1967년 9월 1일, 「매일경제신문」)

조선시대에 비유하자면 현재 우리는 집집마다 하인을 열 명
이상 부리며 살고 있는 셈이다. 양반 댁 하인들은 밥 짓고,
빨래하고, 청소하고, 구들장을 덥히려고 군불을 때고, 호롱
불을 켜고, 온갖 일을 도맡아 했다. 이제는 가전제품이 그런
일을 다 해준다. 전기밥솥은 밥 짓는 부엌데기고, 세탁기는
빨래하는 행랑어멈이며, 청소기는 청소하는 마당쇠고, 전기
보일러는 군불을 때는 돌쇠고, 냉장고는 얼음을 배달하는 행
랑아범이다. 이 밖에도 우리네 집에는 버튼만 누르면 알아서
척척 시중드는 하인이 열 명을 넘는다. 지금 우리는 조선시

대의 양반들이 누렸던 호사를 그대로 누리며 살고 있다.

전기를 마음껏 쓰고도 전기료가 싸다면 얼마나 좋겠는가? 그렇지만 우리나라는 에너지의 97퍼센트를 수입해 쓰고 있다. 2020년까지 화력발전소 12기가 추가로 증설된다고 하지만 한계가 있을 수밖에. '네가와트(Negawatts)' 개념을 처음으로 제안한 환경학자 에머리 로빈스는 에너지를 효율적으로 사용하고 절약하면 경제적 이익과 환경적 효과를 창출한다고 했다. 따라서 네가(-)와트는 석탄, 석유, 천연가스, 우라늄에 이어 제5의 연료인 셈이다. 그가 이 단어를 생각하게 된 계기도 흥미롭다. 버려지는 에너지에 관심이 많던 그는 미국 콜로라도주 공공시설의 전력사용량 보고서에서 메가와트(Megawatts: 1백만 와트)가 오타 때문에 네가와트로 잘못 표기된 사실을 발견했다. 그 순간 그는 네가와트가 메가와트보다 더 많은 양의 전력을 아껴준다고 생각했고 이 단어를 학회에 제안했다고 한다.[16)]

오타로 시작된 네가와트는 이제 세계적으로 절전의 상징이 되고 있다. 한국전력공사, 전력거래소, 한국수력원자력 같은 기관에서도 이 발전 개념을 확대하고 있지만, 산업의 현장이나 가정에서도 네가와트의 가치를 인식하고 절전의 실천에 앞장서야 한다. 그렇지 않으면 스마트 시대의 하인들이 공장이나 집에서 떠나버릴 테니까.

세뱃돈만 같아야 할 새 화폐 발행

해마다 설을 앞두면 어른들은 마음이 바빠진다. 무엇보다 자녀들에게 줄 세뱃돈을 바꾸려 은행을 찾는 분들이 많을 것이다. 세뱃돈은 돈 이상의 의미가 담겨 있다. 자녀들에게 덕담을 건네며 지갑에서 꺼내는 세뱃돈에는 한 해 동안의 건강과 안녕을 바라는 격려의 마음이 오롯이 담겨 있다. 가끔씩 더 이상 신권이 없다는 은행창구 직원의 말을 듣고서 아쉬운 마음으로 발길을 돌렸던 기억도 있으리라. 우리가 평소에 돈을 좀 더 소중히 다뤘더라면 신권이 부족할 일도 없지 않았을까? 예컨대 2013년 한 해 동안 액면 금액으로만 2조 2,000억 원이 넘는 화폐가 훼손되어 폐기되었다고 한다. 이 돈을 다시 발행하는 데 500억 원이 쓰였다는데, 화폐를 폐기하는 비율은 해마다 증가하고 있다.

한국은행 광고 '1만 원권 발행' 편(1972년 4월 15일, 「동아일보」)은 화폐를 새롭게 발행한다는 내용이다. "당행은 1972년 6월 1일부터 다음과 같이 10,000원권을 새로이 발행하여 현용 화폐와 병용하옵기 이에 공고합니다"라며 신권 발행을 공고하고 있다. 화폐 발행에 대한 기본적인 내용을 알리고 나서 호칭, 크기, 용지, 모양 및 색채에 대해 상세히 설명하고 있다. 요즘 통용되고 있는 만원권에서는 세종대왕의 모습을

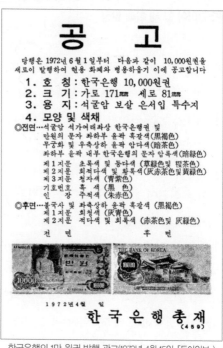

볼 수 있지만, 1972년에 발행된 만원권의 앞면에는 석굴암의 석가여래좌상이 자리 잡아 있고 뒷면에는 불국사 문양이 들어 있다.

특히 인상적인 대목은 모양과 색채에 대한 설명 부분이다. 즉, 흑갈색, 암다색, 암록색, 등다색, 회적다색, 황록색, 청자색, 주적색, 적다색, 회록색 같은 한자를 활용해 여러 가지 색채 이름을 제시하고 있다. 우리나라에 색채가 그처럼 많았던가 싶어 놀라울 따름이다. 색채의 명칭이 지금과는 사뭇 다르다는 사실도 확인할 수 있다. 어쩌면 지금 색상과 색채 전문가를 제외한 일반인들은 너무 단순화된 색체만 알고 있는 것은 아닐까 싶다. 신권 화폐를 발행하면서 화폐 디자인을 획기적으로 바꾼 점도 주목할 만하다.

사실 우리는 "돈돈돈" 하며 돈의 가치를 소중히 하면서도 정작 돈 자체는 소중히 관리하지 않는 것 같다. 접고 구기고 낙서하는 등 돈을 훼손하는 경우가 많다. 한국은행에는 훼손된 지폐를 새 돈으로 바꿔 달라는 요청이 쇄도한다고 한다. 한국은행의 자료를 보면, 면적의 75퍼센트 이상 남아 있는 훼손된 지폐는 전액 교환되지만, 40~75퍼센트 사이면 반값만 쳐주고 40퍼센트 미만이면 한 푼도 돌려주지 않는 것으로 되어 있다. 훼손된 지폐를 새 돈으로 바꿔 달라는 요청이 얼마나 많았으면 이런 기준까지 마련했겠는가.

영국의 중앙은행은 화폐 훼손 문제를 해결하기 위해 2016년부터 플라스틱 화폐를 발행했다. 이로써 300년 이상 사용해온 종이 화폐의 시대가 막을 내리게 되었다는 다소 성급한 진단도 나왔다. 플라스틱 지폐는 최초의 발행 비용이 기존의 지폐보다 50퍼센트 이상 비싸기는 하지만 방수 처리가 돼 있어 구겨지지 않고 쉽게 닳지 않아 발행 후의 관리 비용이 크게 줄어든다는 장점이 있다고 한다. 언젠가 우리도 플라스틱 화폐를 검토해볼 수 있겠지만 그보다는 돈을 소중히 관리하는 생활 습관이 몸에 배도록 해야 한다. 지갑에서 세뱃돈 꺼내듯, 일 년 내내 그렇게 돈을 관리해야 하지 않을까? 해마다 설날이 되면 자녀들에게 세뱃돈을 주면서 돈을 잘 관리하라는 덕담도 곁들이면 좋겠다.

학자금 대출 광고에 우골탑 흔적이

새 학기를 시작하기에 앞서 부모님들은 자녀의 학자금을 마련하느라 애들 쓰셨으리라. 스스로 등록금을 마련하느라 방학 내내 알바를 뛴 학생들도 생각보다 많았으리라. 반값등록금을 비롯해 학자금에 대한 이런저런 문제 제기가 계속되고 있지만 이 문제를 일거에 해소할 해법은 쉽게 눈에 띄지 않는다. 1960~1970년대에 대학을 상아탑이 아닌 우골탑(牛骨塔)으로 지칭했던 저간의 사정도[17] 대학 등록금을 마련하느라 부모님의 등허리가 휠 정도로 힘들었음을 나타내는 상징적 표현이었다.

국민은행(현 KB국민은행)의 광고 '학자금 대출'편(1964년 3월 19일, 「한국일보」)을 보자. 이 광고에서는 학자금 문제를 손쉬운 은행 대출로 해결하라고 권유하고 있다. "학비 마련에 얼마나 고생하셨습니까? 요다음 학비 조달에는 지금부터 국민은행을 이용하십시오"라는 헤드라인을 쓴 다음, 지면을 45도로 경사지게 나누어 두 가지 경험담을 제시하고 있다. 이미 겪어본 사람의 경험담을 증거로 활용하는 전형적인 증언형(testimonials) 기법을 적용한 광고다. 그 시절의 광고 제작자들이 증언형 기법을 알 리 없었겠지만 저절로 지혜롭게 체득하지 않았을까 싶다. 좀 길기는 하지만 두 사람의 증언 내용을 인용해보자.

"올봄에 대학과 중학에 두 자식을 보낸 어미입니다. 바깥(바깥) 양반의 월급 수입에만 의존하든 저이들이(저희들이) 그분의 금주(禁酒) 선언과 함께 그날부터 매달 760원씩을 붓기 시작하였지요. 24회를 붓고 난 지난 2월에 만기가 되어 2만 원의 목돈을 찾게 되었읍니다. 밤낮으로 걱정되는 두 아이의 등록금을 한꺼번에 치르게 되니 마음이 후련합니다. 이렇게 서민층을 위하여 편리한 금융제도를 마련한 국민은행이 고맙기만 합니다."

"저는 올봄에 시내 K대학 3학년에 유급한 학생입니다. 반년 전 사업에 실패한 아버지 형편을 생각하여 가정교사 노릇을 하면서 학업을 보충하기로 하였읍니다. 그러나 가정교사 수입으로는 등록금을 한꺼번에 마련하기란 어려웠지요.

국민은행의 학자금 대출 권장 광고(1964년 3월 19일, 「한국일보」)

생각 끝에 국민은행의 서민금융안내소를 차저가(찾아가) 의 논하였읍니다. (중략) 월부 목돈을 797원씩 4회(넉 달)를 붓고 지난 2월에 만 원을 사전에 대부받어 등록금을 마련하였읍 니다. 가난한 학생들을 위하여 이러한 월부 금융제도가 많이 발전하면 좋겠읍니다."

두루 알다시피 국민은행은 서민경제를 향상시켜야 한다 는 정부 시책에 따라, 1963년 2월 1일 설립되었다가 1998년 에 시중은행으로 전환되어 지금에 이른다.[18] 당시 정부에서는 은행에 서민들의 학자금 대출을 독려했다. 은행은 바로 대출해주지 않고 일정 기간 동안 월부금을 '붓게' 한 다음에 대출을 해주었다. 은행에서도 특별히 밑질 게 없었으니 서로에게 좋은 제도였다. 편리한 금융제도를 마련한 국민은행이 고맙기만 하다거나, 월부 금융제도가 많이 발전해야 한다거나, 하는 주장은 좀 남세스럽지만 애교로 봐줘야 할 것 같다. 1960년대의 학자금 대출 광고에서 우골탑의 흔적을 슬쩍 엿보면서, 앞으로 금융권에서 더 낮은 저리로 학자금을 대출해주는 파격적인 금융 상품을 개발하기를 기대해본다. 이 또한 기업의 사회적 책임(CSR)이 아닐까?

애국과 안보

현충일 기념 광고를 다시 해보자

6월 6일 현충일, 애국선열과 순국 영령들의 충절을 추모하기 위해 국가가 정한 공휴일이다. 국가기록원의 자료에 따르면, 정부는 1956년 4월 대통령령 '관공서의 공휴일에 관한 규정'에 의해 6월 6일을 현충기념일로 지정했다가 1975년 1월 현충일로 명칭을 변경했고, 1982년 5월 대통령령 '각종 기념일 등에 관한 규정'에 따라 현충일을 법정기념일에 포함했다.[19] 조지훈 시인이 가사를 쓴 「현충일 노래」는 우리 마음을 숙연하게 만든다.

현충일 기념 공동 광고(1970년 6월 6일, 「경향신문」)

겨레와 나라 위해 목숨을 바치니

그 정성 영원히 조국을 지키네

조국의 산하여 용사를 잠재우소서

충혼은 영원히 겨레 가슴에

임들은 불멸하는 민족혼의 상징

날이 갈수록 아아~ 그 충성 새로워라.

우리는 오랫동안 불멸하는 민족혼의 상징을 추모하면서 해마다 선열들의 넋을 기려왔다. 원호처(현 국가보훈처)를 비롯한 여러 국가기관과 협회 및 기업들이 공동으로 낸 광고 '현충일 기념' 편(1970년 6월 6일, 「경향신문」)을 보자. 신문을 양쪽으로 펼쳤을 때 양면 모두에 광고를 게재한 양면 스프레드(Spread: 펼침)의 형식이다. 따라서 광고의 헤드라인도 두 개일 수밖에 없다.

앞 페이지 위쪽에 배치한 왼쪽 면 광고는 서울 동작구 국립현충원의 현충문을 배경 사진으로 제시하며 "나라와 겨레를 지키다 가신 호국의 영령이시여 당신들의 희생은 결코 헛되지 않았나이다"라는 헤드라인을 썼다. 그 아래 오른쪽 면 광고는 충혼탑에 있는 용사의 조각상을 배경 사진으로 제시하고서 "여기 피맺힌 역사와 터전 위에 온겨레 한데 뭉쳐 국가와 민족의 꿈을 성실히 이룩해 나가고 있습니다"라는 헤드라인을 썼다.

정부광고와는 별개로 일반 기업에서도 현충일을 기념하는 광고를 자주 냈다. 예를 들어, 태평양화학(현 아모레퍼시픽)의 현충일 광고 '한 핏줄' 편(1978년 6월 6일, 「경향신문」)을 보자. 한 여인이 국립묘지 용사의 묘역에서 헌화하는 장면을 제시하며 "님과 우리는 한 핏줄, 님의 유족은 우리의 가족입니다"라는 헤드라인을 쓰고 있다. 본문의 보디 카피에는 구구절절 심금을 울리는 내용이 담겨 있다. "조국이여, 조국이여 외쳐 부르며 꽃잎처럼 흩어져간 그 님, 님은 누구였습니까? (…) 슬픔으로 그늘진 가슴에 한 아름 동포애의 보람을 안겨주십시오."

태평양화학의 현충일 광고 '한 핏줄' (1978년 6월 6일, 「경향신문」)

이토록 가슴 깊은 곳을 아리게 하는 현충일 광고를 '그 땐 그랬지' 식으로 이제와 새삼 추억만 해서는 안 되겠다. 1970~1980년대까지만 해도 현충일을 기념하는 일반 기업들의 광고를 신문 지상에서 자주 목도할 수 있었다. 1990년대에 들어서며 조금씩 줄어들기 시작하더니 2000년대 이후에는 거의 자취를 감추었다. 오로지 정부기관에서 내는 현충일 광고만이 간헐적으로 등장할 뿐이다. 너무 안타까운 일이다. 오늘의 경제성장이 호국 영령들의 희생 위에서 이루어졌다는 사실을 인정한다면, 앞으로 여러 기업에서 현충일 기념 광고를 다시 시작해봐도 좋을 것 같다.

현충일에는 언제나 그랬듯이 시청이나 읍면동에서 내보내는 사이렌 소리가 오전 10시부터 1분간 울릴 것이다. 조국 수호를 위해 헌신하고 희생하신 순국선열과 호국영령의 명복을 비는 추념 행사도 전국적으로 이루어질 것이다. 적어도 그 1분만이라도 스마트폰을 만지작거리지 말고 경건하고 숙연한 마음으로 묵념을 올리자.

제헌절의 의미를 되새겨보자

지하철 옆자리에 앉은 중학생 아들과 아빠의 대화를 우

연히 듣고 나서 깜짝 놀랐다. 국회에 대한 이런저런 이야기를 하던 아빠가 아들에게 제헌절이 어떤 날인지 물었다. "제사 지내는 날인가?" 이런 어이없는 대답을 하는 아들에게 아빠는 꿀밤을 먹였다. 언론 보도에서도 이런 문제점을 지적했다. 언론에서도 제헌절 날짜를 아는 학생들의 숫자가 갈수록 줄어들고 있고, 제헌절에 대해 설명할 수 있는 학생은 소수에 불과하다는 보도가 심심찮게 나오고 있다.

그럴 수도 있다 여기기 쉽지만 무지나 망각의 정도가 점점 심해지는 듯하다. 제헌절은 1948년 대한민국 최초의 헌법 공포일을 기념하는 날이다. 지금은 사라진 풍경이지만 1960~1970년대에는 제헌절을 기념하는 광고까지 하면서 헌법의 중요성을 강조했다. 국회나 헌법재판소에서 직접 광고를 하지는 않았지만 기업의 이름으로 광고를 하면서 제헌절의 의미를 되새겼다.

정식품, 한일개발, 현대자동차의 공동 광고 '제31회 제헌절' 편(1979년 7월 17일, 「경향신문」)을 보자. 태극기가 휘날리는 장면을 시각 이미지로 제시하고 "부강하고 건전한 복지국가를 건설하여 한민족의 긍지를 내외에 떨치자"라는 헤드라인으로 국민들의 관심을 촉구했다. 보디 카피에서는 7월 17일이 제헌국회의 심의를 거쳐 헌법을 제정 공포한 날이라고 설명하며 그 의미를 다음과 같이 강조했다.

"우리는 역사상 최초의 민주 헌법을 갖게 된 이 뜻깊은 날을 맞아 헌법 정신을 올바로 유지·발전시키는 길이 무엇인가를 새삼 되새겨보지 않을 수 없습니다. 국민 각자가 헌법의 기본 정신을 받들고 이를 생활에 옮김으로써 자주국방과 경제번영, 그리고 민족의 긍지를 높이는 데 힘써야 한다는 것을 강조해 마지않습니다." 사뭇 비장감마저 느껴지는 보디 카피에서는 제헌절의 숭고한 가치를 그 시절에 얼마나 역설했는지 엿볼 수 있다.

1948년 5월 10일 총선거를 통해 제헌국회가 구성되었다. 문자 그대로 제헌국회의 가장 중요한 임무는 대한민국 헌법을 제정하는 것이었다. 숱한 논의를 거쳐 제정된 제헌헌법은 7월 17일 오전 10시 국회의사당에서 국회의장 이승만이 서명한 후 공포되었다.[20] 정부는 헌법에서 명시하는 헌법 정신을 기리고 헌법이 공포된 날을 기념하기 위해 7월 17일을 제헌절로 명명하고 국경일로 정했다. 이를 기리기 위해 헌법 공포 기념우표도 발행했다. 그로부터 많은 시간이 흘러 벌써 70여 년에 가까운 제헌절을 맞이하고 있지만, 2008년부터 제헌절이 공휴일에서 제외되면서 사람들의 기억 속에서도 점점 더 희미해지고 있는 듯하다.

국회를 중심으로 제헌절 공식 기념행사를 하겠지만, 제헌절의 의미를 사회적으로 확산시키는 창의적인 아이디어가

祝 第31回 制憲節

부강하고 건전한 복지국가를 건설하여
韓民族의 긍지를 내외에 펼치자

現代自動車(株)
任·職員 一同

韓洑開發株式會社
代表理事 趙重建

株式會社 鄭食品
代表理事 社長 金今業

제헌절을 기념하는 기업 공동 광고(1979년 7월 17일, 「경향신문」)

헌법공포
4281 717
KOREA
십 원 대한민국우표 10 WN

제헌절 기념 우표

무엇보다 시급하다. 예컨대, 제헌절 노래 가사를 공모해보는 것은 어떨까? 정인보가 작사하고 박태준이 작곡한 「제헌절 노래」를 아는 사람도 많지 않으리라. 민족 얼이 느껴지는 숭고한 내용이다. 그렇지만 노래 가사가 너무 예스러운 표현이라 스마트 시대를 살아가는 젊은이들이 이해하기 어렵지 않을까 싶다.

　　비 구름 바람 거느리고 인간을 도우셨다는
　　우리옛적 삼백 예순 남은 일이 하늘 뜻 그대로였다
　　삼천만 한결같이 지킬 언약 이루니
　　옛길에 새 걸음으로 발맞추리라
　　이날은 대한민국 억만년의 터다
　　대한민국 억만년의 터.

　가사의 어느 소절에도 헌법이라는 단어가 등장하지 않는다는 것이 조금은 이상하다. 곡은 그대로 두고 헌법 정신을 준수하자는 취지에 맞춰 가사만 바꿔보면 안 될까? 그리하여 제헌절이 오면 스마트 시대에 맞는 새로운 가사의 노래를 불러 제헌절의 소중한 가치를 인식하는 국민들이 더 많아졌으면 한다.

에어쇼가 아닌 공중 전시회라 했다

건군 65주년을 맞았던 2013년 국군의 날 행사는 10년 만에 최대 규모로 치러졌다. 건군 65년이자 6·25전쟁 정전 60주년, 한·미동맹 60주년이 되는 해답게, 서울 도심에서 군 장병들이 시가행진을 하고 최신예 순항 미사일 '현무 Ⅲ' 같은 신무기가 공개될 정도로 국군의 날 행사가 성대하게 열렸다. 행사에는 1만 1,000여 명의 병력과 지상 장비 190여 대, 항공기 120여 대 등 최신예 장비가 등장했다.[21] 여러 가지 볼거리 중에서 공군의 특수 비행팀 '블랙이글'이 보여준 화려한 에어쇼는 특히 주목할 만했다. 그렇다면 그 시절의 국군의 날 행사는 어떠했을까?

공군본부의 광고 '국군의 날' 편(1960년 10월 1일, 「동아일보」)을 보자. "국군의 날 공중전시"라는 헤드라인 아래 10월 2일 14시부터 한강 유역에서 신정부 수립 및 국군의 날 축하 공중전시가 거행될 예정이라고 하면서 네 가지 유의 사항을 알리고 있다. 첫째, 행사 당일에 교통 통제 상황을 차량·전차·보행인으로 구분해 제시하고, 둘째, 한강 및 신동면 잠실리 근처에서 뱃놀이와 고기잡이를 금하고 주민은 대피하기를 권고했다. 셋째, 공중 전시 중에 "폭발음이 있으니 놀라지" 말라고 당부하고, 넷째, "한강 백사장 내 폭격 목표물에의 접근과 행사 후 탄피 습득"을 엄금한다는 내용이다.

공중전시(空中展示)란 요즘 말로 에어쇼(air show)가 아니겠는가. 그 시절에 벌써 에어쇼를 했다니 놀라울 따름이다. 그 명칭은 달랐겠지만 공중 곡예를 보여준 조종사들의 의욕만큼은 지금의 '블랙이글'에 결코 뒤지지 않았을 터다. 지금의 잠실 근처에서 뱃놀이나 고기잡이를 하는 사람들이 많았는지 특별히 그 지역을 명시하며 대피하라고 하거나, 탄피 수

공군본부의 국군의 날 에어쇼 광고(1960년 10월 1일, 「동아일보」)

집을 하지 말라고 한 대목에선 세월의 흐름이 느껴진다. 더욱이 노량진, 광주, 한강 북단, 서빙고 식으로 시간대별로 대피해야 할 지역을 명시한 점에서 당시의 에어쇼가 매우 치밀하게 기획되었음을 엿볼 수 있다.

공영방송 KBS 텔레비전이 1961년에 개국했으니, 당시의 에어쇼는 텔레비전 중계로는 볼 수 없었고 육안으로만 구경할 수 있었다. 하늘을 쳐다보며 눈으로 볼 수밖에 없던 그때의 공중전시는 하늘에 걸린 전투기 전시회 같았으리라. 우리는 2013년 국군의 날 행사에서 하늘을 가르는 공군의 에어쇼, 고도의 조종 기술이 요구되는 고공 강하, 아슬아슬한 공중 탈출 시범을 구경할 수 있었다. 이밖에도 각 군은 첨단 병기의 위용을 대내외에 보여주었다. 우리 군이 지난 65년 동안 그만큼 성장했음을 보여주는 장관이었다. 오늘 우리 군의 위용은 지난 시절의 숱한 역경을 딛고 일어섰기에 가능했으리라. 앞으로도 우리 군은 다가올 역경을 딛고 스마트한 군대로 발전할 것이다.

재난 극복은 충무공처럼 해야 한다

2014년 4월 16일 오전 8시 50분경, 전라남도 진도군 조

도면 부근 해상에서 여객선 세월호가 전복되어 침몰했다. 이 사고로 시신 미수습자 아홉 명을 포함한 304명이 사망했다. 온 나라가 슬픔의 도가니에 빠졌다. 세월호 참사는 경주의 마우나오션리조트 붕괴 사고 이후 불과 두 달 만에 발생한 탓에 국민들의 허탈감은 더할 수밖에 없었다. 여러 요인을 종합해볼 때 이 사고는 사회적 재난에 해당된다. 사회적 재난은 안전 의식이 없는 사회문화적 문제 때문에 발생하는 경우가 대부분인데, 이 사고도 예외는 아니었다. 재난은 발생하지 않아야 하겠지만 발생할 수밖에 없다. 언제나 그래왔듯이 재난 대처에서 핵심 쟁점은 재난이 발생했을 때 위기에 대응하는 방식이다. 4월 28일은 충무공 이순신 장군의 탄신일이다. 4월이 오면, 위기관리 능력을 보여준 그의 숭고한 정신을 되새겨보자.

현대의 기업 이미지 광고 '이충무공 탄신' 편(1978년 4월 28일, 「동아일보」)을 보자. 이 광고는 현대에서 냈지만 1970년대 무렵에는 정부의 요청에 따라 기업에서 광고를 내는 경우가 있었다는 점에서 정책홍보와 궤를 맞춘 기업광고라 할 수 있다. 광고 지면의 거의 대부분을 이순신 장군의 동상이 차지하고 있다. 휘하 장졸들에게 일갈(一喝)하는 것 같은 눈빛만으로도 장군의 위용이 느껴지는 듯해 디자인 감각이 돋보인다.

보디 카피는 다음과 같다. "충무공의 숭고한 애국애족의 높으신 뜻 – 국가에 대한 멸사봉공(滅私奉公)의 충성심으로 국난을 극복하신 영세불멸(永世不滅)의 드높은 정신을 온 국민이 함께 받들어 오늘의 시련을 슬기롭게 극복합시다." 이

현대그룹의 기업 이미지 광고 '이충무공 탄신'(1978년 4월 28일, 「동아일보」)

광고에서는 충무공의 숭고한 뜻을 받들자는 내용을 강조하고 있다. 그렇지만 지금 시점에서 이 광고를 보면 세월호 침몰 사고에 우리들이 어떻게 대처했어야 하는지 그 방법을 알려주고 있다.

만약 세월호 관계자들이 자기 이익을 버리는 멸사(滅私)의 정신으로 퇴선 명령을 내리고 승객들을 구하는 봉공(奉公)의 정신으로 임했더라면, 피해를 최소화할 수 있지 않았을까? 사고 초기에 현장 정보에 대한 혼선이 없었다면, 다시 말해서 현장의 생생한 사실과 부풀려진 소문이 뒤섞이지만 않았더라면 재난 위기관리를 좀 더 체계적으로 할 수 있지 않았을까? 소설에서는 정보를 중시했던 이순신 장군의 면모를 다음과 같이 보여주고 있다.

김훈의 소설 『칼의 노래』(2007)에서 이순신 장군은 이렇게 말했다. "본 것은 본 대로 보고하라. 들은 것은 들은 대로 보고하라. 본 것과 들은 것을 구별해서 보고하라. 보지 않은 것과 듣지 않은 것은 일언반구도 보고하지 말라."[22] 본 것과 들은 것을 따로 구별해 보고하게 하고 그 밖의 것은 아예 보고하지 말라는 이순신 장군은 탁월한 정보장교였던 셈이다. 충무공은 용장이자 덕장이었지만 동시에 정보 관리를 중시했던 정보사령관이기도 했다.

만약 세월호 사고의 원인 제공과 사후 대처를 맡은 관계자들이 본 것은 본 대로 보고하고 들은 것은 들은 대로 구분해서 보고했더라면 위기관리 양상이 상당히 달라졌으리라. 언론 보도 역시 사실과 소문 및 허위가 뒤섞여 혼란을 초래하는 사례들도 있었다. 자신을 민간 잠수사라고 속이며 언론과 인터뷰를 한 홍가혜 사건이 대표적이다.

우리는 지금 「타이타닉호의 비극」(1958)이나 「포세이돈 어드벤처」(1972) 같은 재난 영화를 보며 재난의 가공할 스펙터클을 감상하고 있는 것이 아니다. 지금, 여기에서, 재난 안전의 중요성을 몸소 실천해야 하는 것이다. 앞으로 재난에 대한 위기관리 능력을 높이는 데 모든 지식과 지혜를 끌어모아야 한다. 사회적 재난이든 자연적 재난이든 재난에 대한 위기관리 시스템을 현장 지향적으로 구축하고 이를 법과 제도를 통해 뒷받침하는 작업이 무엇보다 시급하다. 충무공의 숭고한 애국애족의 높으신 뜻을 받들어 오늘의 시련을 슬기롭게 극복해야 할 때다.

간첩 식별 요령과 간첩 신고 방법

자주 있는 일은 아니지만 요즘도 일선 경찰서에서는 간첩 신고 모의훈련을 실시하고는 한다. 간첩이 나타난 상황을 설정해 도주로를 차단하고 간첩을 검거하는 현장 조치 위주로 훈련한다고 한다. 지금도 잊을 만하면 간첩에 관한 뉴스가 드문드문 등장한다. 그렇지만 1960년대 후반부터 1970년대에 이르기까지 정부는 '간첩 신고' 캠페인을 대대적으로 전개했다. 신문과 방송의 뉴스는 물론이고 전국의 담벼락 표어에 이르기까지, 반공방첩이나 승공통일에 관한 캠페인이 산야제한 정책 캠페인을 능가할 정도로 광범위하게 실시됐다. 1960년대 후반으로 돌아가 그 무렵 반공 캠페인을 살펴보자.

보병 제39사단사령부의 달력 '간첩 신고'편(1968년)은 저 아득한 기억의 사진첩 같다. 1960~1970년대는 달력이 귀했던 시절이라 1년 내내 안방에서 잘 보이는 쪽 벽에 달력 한 장을 걸어놓고 온 가족이 날짜를 세고 기념일을 꼽았다. 그냥 날짜만 표시된 달력이라면 모르겠으나 달력 중앙에 '간첩은 이렇게 행동합니다' 같은 내용을 담았다면, 이는 분명 정부의 정책 홍보 메시지에 해당한다. 달력 하단에는 인근 경찰서나 군부대에 속히 간첩 신고를 하라는 내용을 제시했으며, 20만 원의 신고 보상금(포상금)을 준다는 사실도 큰 글씨로 강조했다.

이 달력에서 제시한 간첩 식별 요령은 다음과 같다. "1. 외딴 오두막집에 와서 곡식이나 밥, 반찬 등을 얻으러 다니거나 남몰래 훔쳐갑니다. 2. 식량이나 일용품, 담배, 그 외에(외의) 물건들을 당신에게 사다달라고 부탁을 하여 돈을 후하게 쓰는 수가 있고 거스름돈도 받지 않는 수가 있습니다. 3. 물건의 이름을 잘 몰라 이것저것 가르키며(가리키며) 얼마씩 하느냐고 묻기도 하며 살 때도 있고 안 사는 때도 있습니다. 4. 깊은 산에서 3~4명 또는 6~7명이 같이 다닙니다. 5. 산에서 많은 짐을 지고 다니며 옷차림이 어색합니다."

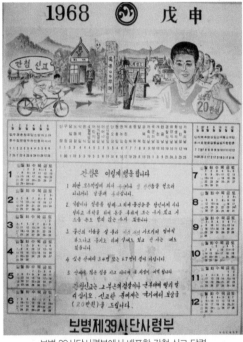

보병 39사단사령부에서 배포한 간첩 신고 달력

우리 사회는 간첩이란 단어에 언제나 민감하게 반응했다. 분단국에서 이 단어는 그 어떤 말보다 위험한 함의를 품고 있었으니까. 그동안 간첩을 소재로 한 영화가 많이 나왔던 배경도 간첩이라는 단어만으로도 일단 주목을 끌 수 있었기 때문이다. 장일호 감독의 「국제간첩」(1965)과 문여송 감독의 「간첩작전」(1966)을 필두로, 장진 감독의 「간첩 리철진」(1999), 김현정 감독의 「이중간첩」(2003), 장훈 감독의 「의

간첩 신고 표어

형제」(2010), 우민호 감독의 「간첩」(2012), 장철수 감독의 「은밀하게 위대하게」(2013)에 이르기까지 간첩을 주제로 한 숱한 영화가 제작됐다.

포상금도 50여 년 사이에 20만 원에서 최대 5억 원으로 대폭 늘어났다. 간첩 신고가 그만큼 더 중요해졌다는 근거이리라. 그런데도 시민들의 안보의식이나 간첩 신고에 대한 관심은 예전에 비해 한참 떨어지는 듯하다. 눈만 뜨면 시도 때도 없이 스마트폰만 들여다볼 게 아니라 주변에 수상한 사람이 있는지도 좀 둘러봐야 할 것 같다. 전화번호 111과 113이 기다리고 있으니까.

예비군 창설과 예비군 훈련의 개선

국방부는 2010년부터 예비군 훈련 패턴을 바꾸었다. 과학화되고 현대화된 장비를 바탕으로 실전 훈련을 강화하는 동시에 예비군들에게 다양한 편의를 제공한다는 것이다.[23] 멀쩡하던 사람도 예비군복만 입으면 사람이 180도 달라진다는 항간의 비판도 많았던 차에 정말 반가운 소식이었다. 국방부는 연대급 규모의 통합 예비군 훈련장을 확대하고, 훈련의 성과를 높이려고 성과 중심의 '측정식 합격제'를 도입하고 그에 따라 조기 퇴소제를 전국으로 확대했다. 평가 점검표로 측정한 다음 합격할 경우에는 조기 퇴소나 휴식 같은 편의를 제공하며, 훈련 우수자가 많을 때는 조기 퇴소 인원을 30퍼센트까지 확대했다. 이런 조치는 향토예비군이 창설된 이래 상전벽해(桑田碧海) 같은 변화라고 할 만하다.

내무부(현 안전행정부)와 국방부의 공동 광고 '향토예비군 편성' 편(1968년 2월 29일, 「동아일보」)을 보자. "향토예비군 편성에 관한 내무·국방 공동 담화문"이라는 헤드라인의 광고 내용은 다음과 같다. "향토예비군 편성에 즈음하여 친애하는 국민 여러분, 국민 제위께서도 주지하시는 바와 같이 우리나라의 국가 목표는 경제적 부흥과 국가 안전보장이라는 두 가지로 요약되고 있읍니다. 지난 수년간 우리나라는 생산하는 국민으로서 잘살 수 있는 국가를 이룩하기 위하여 주야를 가리지 않고 눈물겨운 노력을 경주하여 급기야는 후진국이라는 불명예스러운 이름을 씻고 희망에 찬 앞날을 지향하게 되었읍니다. 이러한 괄목할 경제 발전과 눈부신 국력의 신장은 북괴(北傀)의 질시 대상이 되었으며 이에 당황한 북괴는 마침내 그들의 평화통일이라는 위장전술을 무력 적화라는 공공연한 침략 전술로 바꾸게 되었읍니다."

이런 취지에 이어 깨알 같은 내용으로 향토예비군 창설의 당위성을 역설한 다음 국민들의 적극적인 참여를 부탁하면서 다음 사항을 강조했다. 첫째, 전 예비역은 예비군 편성에 적극 참여, 둘째, 범국민적 방위태세 확립을 위한 남녀의 최대 지원, 셋째, 자주·자위 정신의 함양, 넷째, 군관민의 긴밀한 협조이다. 북한(당시 표현으로는 '북괴')이 우리의 괄목할 만한 경제 성장을 질시해, 무력 적화라는 침략 전술로 바꾼 마

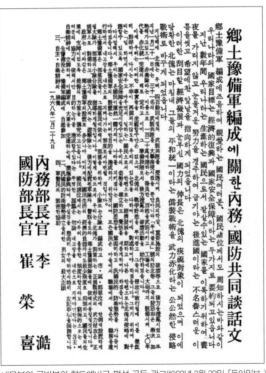

내무부와 국방부의 향토예비군 편성 공동 광고(1968년 2월 29일, 「동아일보」)

당에 자위권을 갖기 위해 향토예비군을 창설한다는 취지의 광고다. 지금과는 달리 여성의 지원을 강조했다는 점도 눈에 띄는 대목이다.

1968년 4월 1일, 향토예비군이 창설되었다. 청와대를 습격하려고 북한이 무장공비를 침투시킨 1·21사태와 미국의 첩보함 푸에블로호를 동해에서 납북한 사건을 계기로, 국민의 반공안보 의식을 고취하고 북한의 4대 군사 노선에 대응하기 위해서였다. 당시 향토예비군의 임무는 국가의 비상사태 하에서 현역 군부대의 역할, 무장공비 침투에 대한 지역적 방어, 경찰력만으로 진압할 수 없는 무장 소요의 진압 등이었다. 향토예비군은 비정규군이지만 누적 인원이 엄청났

1968년 4월 1일, 향토예비군 창설식 장면(한국사진기자협회 엮음, 『한국의 보도사진: 제3 공화국과 유신의 추억 1967~1979』, 눈빛출판사, 2013)

고 창설 이래 지역 방위의 첨병 역할을 담당해왔다.

그렇지만 예비군 훈련이 비효율적이고 시간 흘려보내기라는 지적이 많았던 것도 사실이다. 지금은 인터넷 메일로 훈련 날짜를 통지해주고, 모바일 앱을 통해 훈련 일정을 대상자 스스로가 확인하고 원하는 날짜와 훈련장도 신청할 수 있게 되었다. 우편이나 인편으로 훈련 소집을 통지받던 시절을 생각해보라. 개인적인 사정으로 예비군 훈련에 빠질 수밖에 없을 때, 훈련 통보를 받지 못했노라고 우기던 사람도 많지 않았던가. 스마트 미디어 시대에 예비군 훈련도 더 스마트해지기를 기대한다.

주
—

1) "한국 20-50 클럽 진입: 업그레이드 된 한강의 기적", 「조선일보」, 2012. 5. 28.

2) 김병희, 「위생에 유익한 담배」, 『광고로 보는 근대문화사』, 살림출판사, 2014, 13~15쪽.

3) 신영근, "쌀, 유아용 파우더로 깜짝 변신", 「연합뉴스」, 2013. 12. 14.

4) 김재휘, 『설득 심리 이론』, 커뮤니케이션북스, 2013.

5) 박수인, "울릉도에 울려 퍼진 쥐잡기송, 1박2일 최고 귀요미는?", 「헤럴드경제」, 2016. 7. 10, http://pop.heraldcorp.com/view.php?ud=201607100824440583628_1

6) 서한기, "어린이 필수 예방접종 내년부터 완전 무료", 「연합뉴스」, 2013. 9. 15.

7) 국가기록원, "한국민사원조처 KCAC", http://content.archives.go.kr/next/archive/popArchiveEventList.do?archiveId=0002083173, 2017.

8) 김남희, "핀테크 인재들 뉴욕 골목서 창업… 실리콘 앨리의 부상", 「조선일보」, 2016. 2. 13.

9) 김민기·김병희, 「공익성 정치광고의 크리에이티브 분석: 제18대 국회의원선거 중앙선거관리위원회의 광고를 중심으로」, 『정치커뮤니케이션연구』, 11, 2008, 5~54쪽.

10) 위키백과, "척근법", https://ko.wikipedia.org/wiki/%EC%B2%99%EA%B7%BC%EB%B2%95, 2017.

11) 위키백과, "야드파운드법", https://ko.wikipedia.org/wiki/%EC%95%BC%EB%93%9C%ED%8C%8C%EC%9A%B4%EB%93%9C%EB%B2%95, 2017.

12) 네이버 백과사전, "청십자의료보험조합", http://terms.naver.com/entry.nhn?docId=2819868&cid=55772&categoryId=55811, 2017.

13) "한·일 통신 신간선 개통", 「중앙일보」, 1968. 6. 3.

14) 황비웅, "우리 아기 신분증 선물해요", 「서울신문」, 2014. 8. 28.

15) 네이버 지식백과, "소득세", http://terms.naver.com/entry.nhn?docId=7
95038&cid=46630&categoryId=46630, 2017.

16) Wikipedia, "Amory Lovins", https://en.wikipedia.org/wiki/Amory_
Lovins, 2017.

17) 김동길, "우골탑(牛骨塔)과 상아탑(象牙塔)", http://cafe.daum.net/
jinjugo44seoul/CYQ8/937?q=%BF%EC%B0%F1%C5%BE, 2016. 5.
15.

18) 네이버 지식백과, "KB국민은행", http://terms.naver.com/entry.nhn?do
cId=649695&cid=43167&categoryId=43167, 2017.

19) 위키백과, "현충일", https://ko.wikipedia.org/wiki/%ED%98%84%EC
%B6%A9%EC%9D%BC, 2017.

20) 다음백과, "제헌절", http://100.daum.net/encyclopedia/view/
b19j2021a, 2017.

21) 김호준, "건군65주년 국군의 날 기념식… 1천km 미사일 공개", 「연합
뉴스」, 2013. 10. 1.

22) 김훈, 『칼의 노래』, 생각의나무, 2007.

23) "'빨리 집에 가자' 예비군 훈련 측정식 합격제 인기", JTBC, 2013. 11.
22.

해방 이후 한국의 풍경 3

정부광고의 국민계몽 캠페인

펴낸날	초판 1쇄 2017년 5월 25일

지은이	김병희
펴낸이	심만수
펴낸곳	(주)살림출판사
출판등록	1989년 11월 1일 제9-210호

주소	경기도 파주시 광인사길 30
전화	031-955-1350 팩스 031-624-1356
홈페이지	http://www.sallimbooks.com
이메일	book@sallimbooks.com

ISBN	978-89-522-3640-1 04080
	978-89-522-0096-9 04080 (세트)

※ 값은 뒤표지에 있습니다.
※ 잘못 만들어진 책은 구입하신 서점에서 바꾸어 드립니다.

이 도서의 국립중앙도서관 출판시도서목록(CIP)은 서지정보유통지원시스템 홈페이지
(http://seoji.nl.go.kr)와 국가자료공동목록시스템(http://www.nl.go.kr/kolisnet)에서
이용하실 수 있습니다.(CIP제어번호: CIP2017010666)

책임편집·교정교열 성한경·문형숙

089 커피 이야기   `eBook`

김성윤(조선일보 기자)

커피는 일상을 영위하는 데 꼭 필요한 현대인의 생필품이 되어 버렸다. 중독성 있는 향, 마실수록 감미로운 쓴맛, 각성효과, 마음의 평화까지 제공하는 커피. 이 책에서 저자는 커피의 발견에 얽힌 이야기를 통해 그 기원을 설명한다. 커피의 문화사뿐만 아니라 커피에 대한 일반적인 정보 및 오해에 대해서도 쉽고 재미있게 소개한다.

021 색채의 상징, 색채의 심리

박영수(테마역사문화연구원 원장)

색채의 상징을 과학적으로 설명한 책. 색채의 이면에 숨어 있는 과학적 원리를 깨우쳐 주고 색채가 인간의 심리에 어떤 작용을 하는지를 여러 가지 분야의 사례를 통해 설명한다. 저자는 색에는 나름대로의 독특한 상징이 숨어 있으며, 성격에 따라 선호하는 색채도 다르다고 말한다.

001 미국의 좌파와 우파   `eBook`

이주영(건국대 사학과 명예교수)

진보와 보수 세력의 변천사를 통해 미국의 정치와 사회 그리고 문화가 어떻게 형성되고 변해왔는지를 추적한 책. 건국 초기의 자유방임주의가 경제위기의 상황에서 진보-좌파 세력의 득세로 이어진 과정, 민주당과 공화당의 대립과 갈등, '제2의 미국혁명'으로 일컬어지는 극우파의 성장 배경 등이 자연스럽게 서술된다.

002 미국의 정체성 10가지 코드로 미국을 말하다   `eBook`

김형인(한국외대 연구교수)

개인주의, 자유의 예찬, 평등주의, 법치주의, 다문화주의, 청교도 정신, 개척 정신, 실용주의, 과학 · 기술에 대한 신뢰, 미래지향성과 직설적 표현 등 10가지 코드를 통해 미국인의 정체성과 신념을 추적한 책. 미국인의 가치관과 정신이 어떠한 과정을 통해서 형성되고 변천되어 왔는지를 보여 준다.

058 중국의 문화코드

강진석(한국외대 연구교수)

중국의 핵심적인 문화코드를 통해 중국인의 과거와 현재, 문명의 형성 배경과 다양한 문화 양상을 조명한 책. 이 책은 중국인의 대표적인 기질이 어떠한 역사적 맥락에서 형성되었는지 주목한다. 또한, 구체적이고 실제적인 여러 사물과 사례를 중심으로 중국인의 사유방식에 대해 설명해 주고 있다.

057 중국의 정체성 `eBook`

강준영(한국외대 중국어과 교수)

중국, 중국인을 우리는 과연 어떻게 이해해야 하나? 우리 겨레의 역사와 직·간접적으로 끊임없이 영향을 주고받은 중국, 그러면서도 아직까지 그들의 속내를 자신 있게 말할 수 없는, 한편으로는 신비스럽고, 한편으로는 종잡을 수 없는 중국인에 대한 정체성을 명쾌하게 정리한 책.

015 오리엔탈리즘의 역사 `eBook`

정진농(부산대 영문과 교수)

동양인에 대한 서양인의 오만한 사고와 의식에 준엄한 항의를 했던 에드워드 사이드의 오리엔탈리즘. 이 책은 에드워드 사이드의 이론 해설에 머무르지 않고 진정한 오리엔탈리즘의 출발점과 그 과정, 그리고 현재와 미래의 조망까지 아우른다. 또한 오리엔탈리즘이 사이드가 발굴해 낸 새로운 개념이 결코 아님을 역설한다.

186 일본의 정체성 `eBook`

김필동(세명대 일어일문학과 교수)

일본인의 의식세계와 오늘의 일본을 만든 정신과 문화 등을 소개한 책. 일본인을 지배하는 이데올로기는 무엇이고 어떤 특징을 가지는지, 일본을 주목해야 하는 이유는 무엇인지 등이 서술된다. 일본인 행동양식의 특징과 토착적인 사상, 일본사회의 문화적 전통의 실체에 대한 분석을 통해 일본의 정체성을 체계적으로 살펴보고 있다.

261 노블레스 오블리주 세상을 비추는 기부의 역사

예종석(한양대 경영학과 교수)

프랑스어로 '높은 사회적 신분에 상응하는 도덕적 의무'를 뜻하는 노블레스 오블리주. 고대 그리스부터 현대까지 이어지고 있는 노블레스 오블리주의 역사 및 미국과 우리나라의 기부 문화를 살펴보고, 새로운 시대정신으로 노블레스 오블리주를 부활시킬 수 있는 가능성을 모색해 본다.

396 치명적인 금융위기, 왜 유독 대한민국인가 `eBook`

오형규(한국경제신문 논설위원)

이 책은 전 세계적인 금융 리스크의 증가 현상을 살펴보는 동시에 유달리 위기에 취약한 대한민국 경제의 문제를 진단한다. 금융안정망 구축 방안과 같은 실용적인 경제정책에서부터 개개인이 기억해야 할 대비법까지 제시해 주는 이 책을 통해 현대사회의 뉴노멀이 되어 버린 금융위기에서 살아남는 방법을 확인해 보자.

400 불안사회 대한민국, 복지가 해답인가 `eBook`

신광영(중앙대 사회학과 교수)

대한민국 사회의 미래를 위해서 복지는 선택이 아니라 필수라고 말하는 책. 이를 위해 경제 위기, 사회해체, 저출산 고령화, 공동체 붕괴 등 불안사회 대한민국이 안고 있는 수많은 리스크를 진단한다. 저자는 사회적 위험에 대응하기 위한 복지 제도야말로 국민 모두의 삶의 질을 높일 수 있는 길이라는 것을 역설한다.

380 기후변화 이야기 `eBook`

이유진(녹색연합 기후에너지 정책위원)

이 책은 기후변화라는 위기의 시대를 살면서 우리가 알아야 할 기본지식을 소개한다. 저자는 기후변화와 관련된 핵심 쟁점들을 모두 정리하는 동시에 우리가 행동해야 할 실천적인 대안을 제시한다. 이를 통해 독자들은 기후변화 시대를 사는 우리가 무엇을 해야 할 것인지에 대하여 생각해 볼 수 있을 것이다.

eBook 표시가 되어있는 도서는 전자책으로 구매가 가능합니다.

(주)살림출판사
www.sallimbooks.com
주소 경기도 파주시 문발동 522-1 | 전화 031-955-1350 | 팩스 031-955-1355